ESPIRITUALIDADE, AMOR E ÊXTASE

Dados Internacionais de Catalogação na Publicação (CIP)
(Câmara Brasileira do Livro, SP, Brasil)

Betto, Frei
   Espiritualidade, amor e êxtase / Frei Betto. – Petrópolis, RJ : Vozes, 2021.

   ISBN 978-65-5713-134-3

   1. Amor 2. Deus 3. Espiritualidade 4. Ética 5. Fé 6. Religião 7. Tempo I. Título.

21-62439   CDD-248

Índices para catálogo sistemático:
1. Espiritualidade : Cristianismo 248

Cibele Maria Dias – Bibliotecária – CRB-8/9427

FREI BETTO

ESPIRITUALIDADE, AMOR E ÊXTASE

EDITORA VOZES

Petrópolis

© Frei Betto, 2020.
Agente literária: Maria Helena Guimarães Pereira
mhgpal@gmail.com

Direitos de publicação em língua portuguesa:
2021, Editora Vozes Ltda.
Rua Frei Luís, 100
25689-900 Petrópolis, RJ
www.vozes.com.br
Brasil

Todos os direitos reservados. Nenhuma parte desta obra poderá ser reproduzida ou transmitida por qualquer forma e/ou quaisquer meios (eletrônico ou mecânico, incluindo fotocópia e gravação) ou arquivada em qualquer sistema ou banco de dados sem permissão escrita da editora.

CONSELHO EDITORIAL

Diretor
Gilberto Gonçalves Garcia

Editores
Aline dos Santos Carneiro
Edrian Josué Pasini
Marilac Loraine Oleniki
Welder Lancieri Marchini

Conselheiros
Francisco Morás
Ludovico Garmus
Teobaldo Heidemann
Volney J. Berkenbrock

Secretário executivo
João Batista Kreuch

Preparação dos originais: Maria Helena Guimarães Pereira
Diagramação: Sheilandre Desenv. Gráfico
Revisão gráfica: Alessandra Karl
Capa: Érico Lebedenco

ISBN 978-65-5713-134-3

Editado conforme o novo acordo ortográfico.

Este livro foi composto e impresso pela Editora Vozes Ltda.

Ao casal
Maria Teresa (Teíta)
e
Faustino (Dudu) Teixeira

Sumário

Siglas 9

Espiritualidade cósmica e holística 11

Meu caminho de Damasco 37

Democracia e valores evangélicos 50

Pressupostos evangélicos da democracia 52

Estado laico e Estado confessional 58

Ética da razão 59

Ética e pós-modernidade 61

A revanche de Deus 65

Dulce, a santa baiana 67

Querida Edith 69

Quebrar a flauta 72

Idade adulta, fé infantil 75

A Bíblia tem razão? 77

Drogas e religião 81

Deus é *gay*? 83

Cartografia do corpo 86

Sacralidade do ser humano 88

Espiritualidade no mundo desigual 90

Religião e espiritualidade 93

Amor e êxtase 95

Fogo abrasador 98

O Deus no qual creio 101

O Senhor da minha fé 103

O inferno existe? 104

A chaminé do Vaticano 107

Papa valoriza protagonismo dos movimentos populares 108

Francisco condena o "novo colonialismo" 120

Igreja fora das igrejas 122

Fundamentalismo cristão 124

A salvação 126

Aspectos antropológicos da conversão 129

Consequências políticas da fé libertadora 144

Chocolate de Páscoa 146

Querido Jesus 148

E agora, José? 151

Decretos de Natal 154

Entrar no Ano-novo 156

Flexões da subjetividade 158

Vitória sobre o anjo 160

Obras do autor 163

Siglas

EUA – Estados Unidos da América

MST – Movimento dos Trabalhadores Rurais sem Terra

MTST – Movimento dos Trabalhadores sem Teto

UNE – União Nacional dos Estudantes

Espiritualidade cósmica e holística*

Frei Betto

No século XX, a arte cinematográfica nos introduziu em um novo conceito de tempo. Não mais o conceito linear, histórico, que perpassa a Bíblia e também as obras de Aleijadinho ou *Sagarana*, de Guimarães Rosa. No filme, predomina a simultaneidade. Suprimem-se as barreiras entre tempo e espaço. O tempo adquire caráter espacial e o espaço, caráter temporal. No cinema, no vídeo e demais recursos da era imagética, o olhar da câmara e do espectador passa, com toda a liberdade, do presente ao passado e, deste, ao futuro. Não há continuidade ininterrupta.

A TV, cujo advento oficial ocorreu em 1939, levou isso ao paroxismo. Frente à simultaneidade de tempos distintos, a única âncora é o aqui-e-agora do (tele)espectador. Não há durabilidade nem direção irreversível. A linha de fundo da historicidade – na qual se apoiam o relato bíblico e os paradigmas da modernidade, incluindo um de seus frutos diletos, a psicanálise – dilui-se no coquetel de eventos no qual todos os tempos se fundem. Elis Regina, Gonzaguinha e Tom Jobim aparecem mortos e sobre seus caixões os clipes os exibem vivos, interpretando seus êxitos musicais.

---

* Este texto é o verbete escrito pelo autor para a Enciclopédia Digital Theologica Latinoamericana (http://theologicalatinoamericana.com/?p=1776).

Assim, aos poucos, o horizonte histórico se apaga como as luzes de um palco após o espetáculo. A utopia sai de cena, o que permitiu Fukuyama (1992) vaticinar: "A história acabou".[1] Ao contrário do que adverte Coélet, no *Eclesiastes*, não há mais tempo para construir e tempo para destruir; tempo para amar e tempo para odiar; tempo para fazer a guerra e tempo para estabelecer a paz. O tempo é agora. E nele se sobrepõem construção e destruição, amor e ódio, guerra e paz.

A felicidade, que em si resulta de um projeto temporal, reduz-se então ao mero prazer instantâneo derivado, de preferência, da dilatação do ego (poder, riqueza, projeção pessoal etc.) e dos "toques" sensitivos (ótico, epidérmico, gustativo etc.). Resulta, supostamente, da soma de prazeres.[2] A utopia é privatizada. Resume-se ao êxito pessoal. A vida já não se move por valores e ideais, nem se justifica pela nobreza das causas abraçadas. Basta ter acesso ao consumo que propicia segurança e conforto: o apartamento de luxo, a casa na praia ou na montanha, o carro novo, o kit eletrônico de comunicações (telefone celular, computador etc.), as viagens de lazer. Uma ilha de prosperidade e paz imune às tribulações circundantes de um mundo movido a violência. Enquanto a Igreja prega o Céu além da vida nesta Terra, o consumismo acena com o Céu na Terra – é o que prometem a publicidade, o turismo, o novo equipamento eletrônico, o banco, o cartão de crédito etc. O novo aforismo pós-moderno é "consumo, logo existo".[3]

---

1. FUKUYAMA, Francis. *O fim da história e o último homem*. Rio de Janeiro: Rocco, 1992.

2. BETTO, Frei; BOFF, Leonardo & CORTELLA, Mario Sérgio. *Felicidade foi-se embora?* Petrópolis: Vozes, 2016.

3. LIPOVETSKY, Gilles. *A felicidade paradoxal* – Ensaio sobre a sociedade do hiperconsumo. São Paulo: Companhia das Letras, 2008.

Nem a fé escapa à subtração da temporalidade. O Reino de Deus deixa de situar-se "lá na frente" para ser esperado "lá em cima". Nessa perspectiva, como mero consolo subjetivo a fé é reduzida à esperança de salvação individual.

Impelido pelas novas tecnologias da era imagética, agora o tempo está confinado ao caráter subjetivo. Experimentá-lo é ter consciência tópica do presente. Se na Idade Média o sobrenatural banhava a atmosfera que se respirava e no Iluminismo era a esperança de futuro que justificava a fé no progresso, agora o que importa é o presente imediato. Busca-se, avidamente, a eternização do presente. Michael Jackson era eternamente jovem, e multidões malham o corpo como quem sorve o elixir da juventude. Morreremos todos saudáveis e esbeltos...

Pulverizam-se os projetos, mesmo porque na cabeça de muitos o tempo é cíclico. No mesmo rio corre sempre a mesma água. Outrora, havia namoro, noivado e casamento. Agora, fica-se. Após anos de casado, pode-se voltar ao tempo de namoro e, de novo, ao de casado. Ganha espaço, na cultura ocidental, a crença na reencarnação. Tudo é passível de recomeço.

Religião sem culpas

A destemporalização da existência e a desistorização do tempo aliam-se à desculpabilização da consciência. Este o segredo dos templos eletrônicos: não há culpa pessoal ou social. Cercados de anjos por todos os lados, somos amados por um Deus que já não exige mudanças ou conversões, comunidades e doutrinas. Basta a emoção de saber-se amado por Ele.

Uma mesma pessoa vive diferentes experiências sem se perguntar por princípios morais ou religiosos, políticos ou ideológicos. Não há pastores e bispos corruptos? Não há utopias que resultaram em opressão? A TV não mostra o honesto ontem e vigarista hoje fazendo gestos humanitários? Onde reside a fronteira entre o bem e o mal, o certo e o errado, o passado e o futuro? "Tudo que é sólido se desmancha no ar".[4]

Ar irrespirável desse início de século, cuja temporalidade fragmenta-se em cortes e dissolvências, *close-ups* e *flash-backs*, com muitas nostalgias e poucas utopias. Enquanto as Igrejas tentam chegar à modernidade, o mundo naufraga sob os ventos da pós-modernidade.[5]

O tempo sem tempo do amor

Há, contudo, algo de positivo nessa simultaneidade, nesse aqui-e-agora que se nos impõe como negação do tempo. É a busca da interioridade. Do tempo místico como tempo absoluto. Tempo síntese/supressão de todos os tempos. *Kairós*. Eis que irrompe a eternidade – eterna idade. Pura fruição. Onde a vida é terna.

O período medieval suscitou uma espiritualidade de submissão meritória, baseada na obediência àqueles que representavam Deus no mundo – papas, reis, abades e príncipes. Os crentes viviam enclausurados nesta Terra considerada o centro do Universo.[6]

A modernidade deslocou o eixo da Terra para o Sol, estabeleceu distância entre o ser humano e o conjunto da natureza, e instaurou a espiritualidade da conquista e – no resgate do classicismo grego – do herói capaz de escalar montanhas através dos degraus das virtudes.

---

4. ARANTES, Paulo Eduardo. *Nem tudo que é sólido se desmancha no ar. Revista Estudos Avançados*, vol. 12, número 34, São Paulo, 1998.

5. LOVELOCK, James. *As eras de Gaia.* Rio de Janeiro: Campus, 1991. • PRIGOGINE, Ilya & STENGERS, Isabelle. *Entre o tempo e a eternidade.* São Paulo: Companhia das Letras, 1992.

6. GUITTON, Jean; BOGDANOV, Grichka & Igor. *Deus e a Ciência.* Rio de Janeiro: Nova Fronteira, 1992.

Agora, a pós-modernidade restaura a comunhão holística entre o ser humano e a natureza, e nos convida a uma espiritualidade sem mediações institucionais, centrada na subjetividade aberta ao Transcendente.[7] Isso porque descobrimos que não fomos caprichosamente criados pelas mãos de Javé. Somos filhos de símios, e o nosso corpo é tecido de átomos produzidos há 13,7 bilhões de anos no calor das estrelas. A Terra em que habitamos é apenas um diminuto ponto na periferia de uma estrela de quinta grandeza, o Sol – uma entre as 100 bilhões de estrelas que iluminam a Via Láctea, galáxia que se espalha pelo espaço cósmico em companhia de mais de 200 bilhões de galáxias semelhantes a ela.[8]

Estaremos perdidos, sem eira nem beira? Sim, caso busquemos o nosso eixo em algum ponto geográfico, "em Jerusalém ou no monte Garizim", como indagou de Jesus a mulher samaritana (*João* 4). E ele respondeu que, agora, trata-se de adorar "em espírito e verdade". A dimensão subjetiva (despojamento) e a dimensão objetiva (coerência).

Portanto, não há risco de ficarmos perdidos se acreditamos, como disse Santo Agostinho, que "Deus é mais íntimo a nós do que nós a nós mesmos".[9] E a teoria da relatividade vem em nossa ajuda para precisar que o centro do Universo é sempre o ponto em que se encontra o observador. Assim, de uma cosmologia geocêntrica, passou-se a uma cosmologia heliocêntrica e agora vivemos o advento de uma mundividência antropocêntrica. Isso traz consequências importantes para a espiritualidade. Aquela criança de rua, babenta, raquítica, é o centro do Universo. E, segundo o Evangelho, morada viva de Deus (*João* 14,23).

---

7. RUMI. *Fihi-Ma-Fihi* – O livro do interior. Rio de Janeiro: Dervish, 1993.

8. BETTO, Frei. *A obra do artista* – Uma visão holística do Universo. Rio de Janeiro: José Olympio, 2012.

9. AGOSTINHO, Santo. *Confissões*. São Paulo: Penguin/Companhia das Letras, 2017.

Cosmologias e espiritualidades

Cada vez que muda a cosmologia, muda a nossa ideia de mundo, de ser humano e de Deus. Assim ocorreu quando a modernidade abandonou a concepção geocêntrica de Ptolomeu para abraçar a concepção heliocêntrica de Copérnico. Michelangelo, em seu afresco no teto da Capela Sistina, bem retratou essa passagem do teocentrismo para o antropocentrismo. Javé, coberto de mantos e barbas, estende o dedo ao Adão nu magneticamente atraído em direção à Terra, e Adão se esforça, também com o dedo estendido, em não perder contato com a fonte originária.

O Deus inefável e pleno de atributos gregos do tomismo cedeu lugar ao Deus amoroso cantado como "O Amado" por Teresa de Ávila e João da Cruz e, pouco antes, pelo anônimo inglês de *A Nuvem do Não-Saber*.[10] Como em Elias, o fogo que abalava os alicerces do mundo foi suplantado pela brisa suave (1 *Reis* 19,10-15).

Agora, somos contemporâneos de uma nova mudança de paradigmas cosmológicos. A mecânica celeste da física de Newton, que muito bem explica o infinitamente grande, cede lugar à teoria da relatividade de Einstein e, sobretudo, à física quântica de Planck, Bohr e Heinseberg, para melhor explicar o infinitamente pequeno. Teilhard de Chardin teria gostado de presenciar a confirmação científica de suas intuições quanto ao coração do Universo e ao estofo da matéria.[11]

Universo, matéria e espírito são um só tecido feito de linhas atômicas, nas quais os místicos decifram o desenho do rosto de Deus. É *le milieu divin*, o meio divino, centrado no Ponto Ômega, o eixo magnético que banha de energia divina toda a Criação.[12]

---

10. ANÔNIMO, Autor. *A nuvem do não-saber*. São Paulo: Paulus, 1998.

11. BETTO, Frei. *Sinfonia universal* – A cosmovisão de Teilhard de Chardin. Petrópolis: Vozes, 2011.

12. CHARDIN, Teilhard de. *Meu universo e a energia humana*. São Paulo: Loyola, 1980.

Do determismo à indeterminação

Os paradigmas da modernidade sustentam-se na filosofia de Descartes e na física de Newton. Racionalismo e determinismo seriam as chaves para se chegar ao conhecimento científico, livre de interferências subjetivas, preconceitos e superstições. Levada ao paroxismo, a mecânica clássica – que descreve as leis determinísticas que regem o macrocosmo – sugeriu ao pensamento marxista a ideia, tida como inelutável e científica, de que o determinismo histórico regeria as sociedades para formas mais perfeitas de convivência humana. Assim, o materialismo histórico explicaria o avanço do feudalismo ao capitalismo e, deste, ao socialismo, sem indícios de retrocessos substanciais.

Ora, o Muro de Berlim caiu também sobre essa transposição da mecânica clássica às ciências sociais, soterrando o determinismo histórico e, com ele, os paradigmas que davam uma aparente consistência à modernidade. Para salvar-nos das hipotéticas teorias do caos e do acaso, a formulação de novos paradigmas deve levar em conta dois parâmetros fundamentais, derivados da física quântica (que trata do microcosmo ou das partículas – *quanta* – existentes no interior do átomo): o *princípio da indeterminação ou da incerteza*, de Werner Heisenberg, e o *princípio da complementaridade*, de Niels Bohr.[13]

A carteira de identidade química do átomo encontra-se no número de prótons contidos em seu núcleo. São eles que determinam a carga elétrica do núcleo que, por sua vez, fornece o número de elétrons em órbita em torno do núcleo. Um átomo simples de hidrogênio possui um único próton – que é também o seu núcleo – cercado por um elétron. Os átomos mais pesados possuem mais prótons e nêutrons, e também mais elétrons que coroam o núcleo.

---

13. HEISENBERG, Werner. *Physique et philosophie* – La sciense moderne em révolution. Paris: Albin Michel, 1961.

Medir a localização e a trajetória de bilhões de partículas e, com os resultados, prever o movimento dos prótons, é física clássica. Heisenberg pretendeu demonstrar que jamais poderemos conhecer tudo sobre os movimentos de uma partícula. Mesmo conscientes de que em ciência todo resultado é provisório, não se pode deixar de admitir que o princípio da indeterminação revolucionou a visão que a física newtoniana tinha do mundo. Agora, a física quântica desafia a nossa lógica. Quando um fóton – que é um quantum – atinge um átomo e obriga o elétron a passar instantaneamente da órbita inferior à superior, o elétron, qual um acrobata, o faz sem atravessar o espaço intermediário. É o que se chama *salto quântico* que, além de desafio científico, é também um problema filosófico. É essa mesma incerteza quântica que explica a colisão de próton com próton no seio das estrelas – o que, à luz da física clássica, parece tão impossível quanto um boi voar.[14]

É mais fácil acreditar no boi voador que acolher sem interrogações a teoria quântica. O próprio Einstein, um dos pioneiros desta teoria e que formulou a hipótese do fóton como quantum de luz, chegou a afirmar que estava intimamente persuadido de que os físicos não poderiam se contentar por muito tempo com essa "descrição insuficiente da realidade". Discordou da interpretação probabilística da mecânica quântica. Só que, em geral, a insuficiência não está na natureza, e sim em nossas cabeças, o que não significa que possamos alimentar a pretensão de penetrar todos os segredos da natureza. Moça pudica, ela preservará para sempre certos mistérios, como argumenta a Escola de Copenhague ao demonstrar que certos acessos não estão permitidos pela própria natureza.[15]

---

14. ZOHAR, Danah. *O ser quântico*. São Paulo: Best Seller, 1991.

15. DAVIES, Paul. *A mente de Deus, a ciência e a busca do sentido último*. Rio de Janeiro: Ediouro, 1994. • *Os três últimos minutos* – Conjeturas sobre o destino final do Universo. Rio de Janeiro: Rocco, 1994.

Entretanto, quando Aristarco afirmou, dezessete séculos antes de Copérnico, que a Terra gira em torno do Sol, os gregos apelaram para o bom-senso e convocaram os nossos sentidos como testemunhas fidedignas de que a Terra não se move, mesmo porque, se tal ocorresse, os habitantes de Atenas seriam atirados pela ventania em direção ao Leste, e os atletas de Olímpia dariam um salto maior que as pernas. Séculos depois, a mesma lógica foi aplicada, em vão, para tentar descartar as teorias de Copérnico e Galileu.

Realidades excludentes e, no entanto, complementares

A ruptura decisiva da física quântica com a física clássica ocorreu em 1927, quando Heisenberg estabeleceu o *princípio da indeterminação* – pode-se conhecer a posição exata de uma partícula – um elétron, por exemplo – ou a sua velocidade, mas não as duas coisas ao mesmo tempo.[16]

Impossível saber, simultaneamente, onde um elétron se encontra e para onde se dirige. Pode-se saber onde se encontra, mas jamais captar, ao mesmo tempo, a sua velocidade. Pode-se medir sua trajetória, nunca sua localização exata.

Numa câmara úmida, podemos observar a direção na qual um próton se move até que ele passe pelo vapor d'água, quando sua desaceleração impedirá que saibamos onde se encontra. A alternativa é irradiar o próton, tomando uma foto dele, mas a luz ou qualquer outra radiação usada em fotografia o desviará de sua trajetória, de modo que jamais saberemos qual seria seu percurso se não tivesse sido incomodado pelo cientista-*paparazzo*.

Ao contrário do que supunha Einstein, Deus parece jogar dados com o Universo. As imutáveis e previsíveis leis da natureza em sua dimensão macroscópica não se aplicam à dimensão microscópica – eis a descoberta fundamental da física quântica.

---

16. HEISENBERG, Werner. *Panghysique et philosophie* – La science moderne en révolution. Paris: Albin Michel, 1961.

Na esfera do infinitamente pequeno, segundo o princípio quântico da indeterminação, o valor de todas as quantidades mensuráveis – velocidade e posição, momento e energia, por exemplo – está sujeito a resultados que permanecem no limite da incerteza. Isso significa que jamais teremos pleno conhecimento do mundo subatômico, onde os eventos não são, como pensava Newton, determinados necessariamente pelas causas que os precedem. Todas as respostas que naquela dimensão a natureza nos fornece estarão inelutavelmente comprometidas por nossas perguntas.

Essa limitação do conhecimento não estaria atualmente condicionada pelos recursos tecnológicos de que dispomos? Não se poderia criar no futuro um aparelho capaz de acompanhar o movimento do próton sem interferir na sua trajetória? A incerteza quântica não depende da qualidade técnica dos equipamentos utilizados na observação do mundo subatômico. Esta é uma limitação absoluta.[17]

No mundo quântico, a natureza é, portanto, dual e dialógica. Dual, e não dualista no sentido platônico, mas sim, como ressaltava o físico dinamarquês Niels Bohr, numa interação de complementaridade. Foi também em 1927 que Niels Bohr formulou o *princípio da complementaridade*. No interior do átomo, a matéria apresenta-se com aparente dualidade, ora comportando-se como partículas, que possuem trajetórias bem definidas, ora comportando-se como onda, interagindo sobre si mesma. Ela é ser e não ser, a ponto de os físicos tomarem emprestado conceitos da espiritualidade oriental para tentar definir os novos dados científicos.[18]

---

17. CAPRA, Fritjof. *O ponto de mutação*. São Paulo: Cultrix, 1990. • *O Tao da Física*. São Paulo: Cultrix, 1989.

18. ZOHAR, Danah. *O ser quântico*. São Paulo: Best Seller, 1991.

De fato, no mundo quântico onda e partícula não são excludentes, embora o sejam à luz de nossa linguagem que ainda não consegue se desprender dos parâmetros da física clássica. Ao estabelecer o princípio da complementaridade, Bohr articulou duas concepções que, à luz da física clássica, são contraditórias.

Bohr demonstrou que a noção de complementaridade pode ser aplicada a outras áreas do conhecimento, como a psicologia, que revela a complementaridade entre razão e emoção; a linguagem (entre o uso prático de uma palavra e sua definição etimológica); ética (entre justiça e compaixão) etc. Em suma, há mais conexões do que exclusões entre fenômenos que o racionalismo cartesiano pretende distintos e contraditórios. Eis o advento da holística![19]

Se um elétron se apresenta ora como onda, ora como partícula, energia e matéria, *Yin* e *Yang*, isso significa que cessa a autonomia do reino da objetividade: há uma inter-relação entre observador e observado. Desmorona-se, assim, o dogma da imaculada concepção da neutralidade científica.[20] A natureza responde às questões que levantamos. A consciência do observador influi na definição e até mesmo na existência do objeto observado. Entre os dois reina um único e mesmo sistema. Olho o olho que me olha.

Em 1926, em conversa com Heisenberg, Einstein disse-lhe: "Observar significa que construímos alguma conexão entre um fenômeno e a nossa concepção do fenômeno". Assim, a física quântica afirma que não é possível separar cartesianamente, de um lado, a natureza e, de outro, a informação que se tem sobre ela. Em última instância, predomina a interação entre o observado e o observador. É dessa interação sujeito-objeto que trata o prin-

---

19. BOHR, Nils. *Física atômica e conhecimento humano*. Rio de Janeiro: Contraponto, 1995.

20. JAPIASSU, Hilton. *O mito da neutralidade científica*. Rio de Janeiro: Imago [s.d.].

cípio da indeterminação. E sobre ele ergue-se a visão holística do Universo: há uma íntima e indestrutível conexão entre tudo o que existe – das estrelas ao sorvete saboreado por uma criança, dos neurônios de nosso cérebro aos neutrinos no interior do Sol. Meu eu é constituído pela mesma energia primordial do Tudo. Portanto, tudo que existe pré-existe, subsiste e coexiste.[21]

Espiritualidade cósmica e holística

Para os *Atos dos Apóstolos*, "nele vivemos, nos movemos e existimos" (17,28). O Deus de Jesus é o mesmo Deus criador e libertador. A física quântica nos permite saber que no interior do átomo matéria é energia e energia é matéria. Como percebeu Teihard de Chardin, todo o Universo é expressão sensível de uma profunda densidade espiritual.[22] Toda a matéria que tece o estofo da natureza não passa de energia condensada. Não se trata, pois, de ceder ao panteísmo e crer que todas as coisas são deuses. Melhor o panenteísmo, ou seja, Deus se manifesta em todas as coisas, conforme capta o olhar do místico.

Talvez haja uma única tristeza, a de não fazer do Amor a única religião. O que mais importa? Não há nada substancialmente importante além desse movimento ascendente engendrado no útero da natureza, lá onde o caos foi fecundado pela luz, capaz de congregar a matéria infinitesimal e agregá-la em *quarks*, elétrons, prótons, átomos, moléculas e células.

Essa emergência, tão bem celebrada por Teilhard de Chardin em seus textos, torna a natureza grávida de história, com seu ventre farto ofertando todas as formas possíveis de vida, e confirman-

---

21. BRANDÃO, Dênis M.S. & CREMA, Roberto (org.). *O novo paradigma holístico*. São Paulo: Summus, 1991.

22. CHARDIN, Teilhard de. *L'activation de l'énergie*. Paris: Seuil, 1963.

do a intuição primordial de que todo o Universo não busca outra coisa além do Amor.[23]

Não faz diferença se o movimento parte da mônada que estremece em contato com a água ou da mulher que geme sob o corpo rígido do amado. Há, em todo esse percurso, uma sede insaciável de fusão, de comunhão, que nos faz sentir uma compulsiva atração pela beleza, pela unidade, por tudo isso que nos devolve a harmonia interior e exterior.

No entanto, o Amor sempre nos escapa, como se quiséssemos segurar com as mãos a água nutriente da fonte. E, ao escapar, abre fissuras em nosso ser e em nossa convivência social. A nostalgia do Amor gera desilusão e, com ela, esta forma atenuada de desespero que consiste em querer institucionalizar a fluidez encantadora da vida. Já que não podemos voar e nem sabemos apreciar o voo livre dos pássaros, fabricamos gaiolas. Elas contêm pássaros, mas nos impedem de apreciar a beleza do voo.[24]

Assim ocorre nas relações contaminadas pela rotina, onde o dever substitui o prazer e o beijo é sempre despedida, nunca encontro. Ou nas Igrejas que acreditam aprisionar nos sacrários a força revolucionária da presença de Jesus. Ora, a pujante ascendência da vida rompe necessariamente todos os limites impostos pela razão implacável, indócil frente à impossibilidade de produzir dentro da gaiola a curva sincronizada do voo que risca de infinito o horizonte.

O rosto da criança nunca corresponde ao sonho dos pais e não há dois pães, feitos pelas mesmas mãos, com igual sabor. No ato verdadeiramente criativo há um ponto de ruptura com o projeto inicial: é quando jorra e se expande o que há de divino em cada criador, não importa se a luz branca que envolve de silente

---

23. CHARDIN, Teilhard de. *L'ènergie humaine*. Paris: Seuil, 1962.

24. CARDENAL, Ernesto. *Cântico cósmico*. Nueva Nicarágua, 1989.

sossego o restaurante *La Sirene*, no traço de Van Gogh, ou o feto que adquire forma no ventre materno.

É esse salto que tanto assusta a razão institucionalizada.[25]

Podemos aplicar tais princípios à história das religiões. Outrora, não se tinha consciência da interação entre os fenômenos da natureza. O mundo era uma realidade fragmentada. A luz do dia se opunha às trevas da noite, assim como tempestades e relâmpagos, terremotos e vulcões eram tidos como manifestações da ira dos deuses. Princípios antagônicos regiam a morada dos vivos. Esse aparente antagonismo entre forças contrárias da natureza criou o caldo de cultura favorável ao politeísmo e à multiplicidade de divindades gregas.

A fé monoteísta de Abraão corresponde a uma nova visão do Universo. Fecha-se o leque. Agora, tudo depende de um princípio único – Javé. É ele o criador de todas as coisas que, através de sua palavra, surgem na sucessão paradigmática dos sete dias da Criação. Na cultura semita, 7 significa "muitos", como o símbolo matemático ∞ significa "infinito". Por isso os nossos pecados serão perdoados "setenta vezes sete..." O relato do *Gênesis* preconiza a evolução da natureza que a ciência constataria muitos séculos depois.[26]

Embora a crença em um Deus único e criador nos induza a perceber a correlação entre todas as coisas criadas, a razão instrumental abriu uma cisão entre a natureza e o ser humano. Ao contrário dos povos indígenas ainda tribalizados, não vemos a natureza como sujeito, mas como objeto. A *Mona Lisa*, de Leonardo da Vinci, simboliza esse distanciamento do ser humano em relação à natureza. Nas pinturas medievais, as figuras humanas

---

25. COX, Harvey. A *festa dos foliões*. Petrópolis: Vozes, 1974.

26. HAWKING, Stephen W. *Uma breve história do tempo*. Rio de Janeiro: Rocco, 1988.

aparecem inseridas na paisagem. Súbito, vemos um rosto de mulher, o da *Mona Lisa,* retratada por Leonardo da Vinci, sem que sequer apareça o resto do corpo. Inicia-se o processo que desembocaria no *Cogito ergo sum* de Descartes, que rompe os vínculos que unem mundo interior e mundo exterior. Fora da razão, capaz de desvendar o mundo exterior sem apoiar-se em superstições e crendices, não há salvação, proclamaram os pais da modernidade.

Uma visão holística do real, onde diferença não coincide com divergência

Para Descartes, o mundo era uma máquina, da qual os seres humanos são mestres e proprietários. A física de Newton permitirá o conhecimento científico dessa máquina, basta desmontá-la em suas partes constituintes. Francis Bacon dirá que devemos "arrancar pela tortura os segredos da natureza". Assim, a ruptura entre um dado da natureza – o ser humano – e o conjunto da Criação fez com que se perdesse a apreensão qualitativa da natureza, prevalecendo sua dimensão quantitativa, mensurável.[27] Deus tornou-se um fabricante de máquinas. O Relojoeiro Invisível de Newton, capaz de dotar o Universo de leis tão lógicas quanto o mundo de sociedades tão perfeitas como, supostamente, a instituição eclesiástica...

Para o princípio da indeterminação – que supõe o da complementaridade – há uma intrínseca conexão entre consciência e realidade. Assim como se chega à plenitude espiritual também pela abstinência, renunciando ao império dos sentidos, não é possível entender a teoria quântica sem abdicar do conceito tradicional de matéria como algo sólido e palpável.

---

27. WEBER, Renée. *Diálogos com cientistas e sábios* – A busca da unidade. São Paulo: Cultrix, 1991.

Nos umbrais desse novo paradigma – que um dia também será velho – devemos deixar para trás ideias que, no decorrer de gerações, foram tidas como universais e imutáveis.

Segundo os pais da teoria quântica, Heisenberg e Bohr, na esfera subatômica, conceitos sensatos como distância e tempo, e a divisão entre consciência e realidade, deixam de existir. De modo que os cientistas são obrigados a abrir mão da simetria que tanto os seduz para se dobrarem à imposição da natureza, pois quem governa o átomo não é a mecânica newtoniana, mas a mecânica quântica.

Na esfera do infinitamente pequeno, a ciência é obrigada a ingressar no imprevisível e obscuro reino das probabilidades. O *princípio da indeterminação* revoluciona nossa percepção da natureza e da história. E nos faz tomar consciência de que na natureza a incerteza quântica não se faz presente apenas nas partículas subatômicas. Bilhões de anos após a predominância quântica no alvorecer do Universo, um estranho e inteligente fenômeno despontaria dotado de imprevisibilidade inerente a seu livre-arbítrio: os seres humanos.[28]

Resgate quântico do sujeito histórico

O princípio da indeterminação aplica-se também à história. A liberdade humana é um reduto quântico. Muitas vezes observamos pessoas que poderíamos qualificar de "partículas", como os políticos, e outras que mais parecem "ondas", como os artistas. Em cada um de nós essa dimensão dual também se manifesta, sobrepondo-se como análise e intuição, razão e coração, inteligência e fé. Uma expressão humana tipicamente quântica é o jazz, cada músico improvisa dentro das leis da harmonia, interpretando com o seu instrumento a sua própria melodia. Não se pode prever

---

28. CHARDIN, Teilhard de. *O fenômeno humano*. São Paulo: Herder, 1955.

exatamente a intensidade e o ritmo de cada improviso e, no entanto, o resultado é sempre harmônico.

Não há leis ou cálculos que prevejam o que fará um ser humano, ainda que seja um escravo. Lá no núcleo central de nossa liberdade – a consciência – ninguém pode penetrar. Nem mesmo à aceitação da verdade o ser humano pode ser obrigado. Tomás de Aquino, que nada entendia de física quântica, mas muito sabia da condição humana, chegou a afirmar que é "ilícito até mesmo o ato de fé em Cristo feito por quem, por absurdo, estivesse convencido de agir mal ao fazê-lo".[29]

O resgate da liberdade humana pela ótica quântica e, por conseguinte, o abandono dos velhos esquemas deterministas reinstaura o ser humano como sujeito histórico, superando toda tentativa de atomização e realçando a sua inter-relação com a natureza e com os seus semelhantes. Essa visão holística descarta também as tentativas de encarcerar o indivíduo em um mundo sem história, ideais e utopias, restrito aos meios de sobrevivência e submisso às implacáveis leis do mercado.

Toda síntese incomoda a quem se situa num dos extremos. A reintrodução da subjetividade na esfera da ciência mexe com bloqueios emocionais arvorados em profundas raízes históricas. Em nome da fé – uma experiência subjetiva – inúmeros cientistas, taxados de hereges ou bruxos, foram condenados à fogueira da Inquisição. Em pleno Renascimento, Giordano Bruno morreu queimado e Galileu viu-se obrigado a retratar-se. Com o Iluminismo, no século XVIII, os cientistas assumiram a hegemonia do saber e o controle das universidades ao identificar criatividade e

---

29. LIMA Vaz, Henrique Cláudio. *Escritos de filosofia IV* – Introdução à Ética Filosófica 1. São Paulo: Loyola, 1999.

liberdade com objetividade e relegar à subjetividade tudo que parecesse irracionalidade e intolerância.[30]

Na prática, ainda estamos longe do resgate da unidade. No Ocidente, as universidades continuam fechadas a métodos de conhecimento e vivência simbólica como a intuição, a premonição, a astrologia, o tarô, o I Ching e, no caso da América Latina, às religiões e aos ritos e mitos de origem indígena e africana. Tais "superstições" são ignoradas pelos currículos acadêmicos, embora haja teólogos que leem as mãos e frequentam terreiros e mães-de--santo, bem como professores e alunos que consultam o I Ching, as cartas do Zodíaco e os búzios.

Por sua vez, nas escolas de formação religiosa ou teológica ainda não há espaço para a atualização científica, nem se olha o céu pelas lentes da astronomia ou a intimidade da matéria pelas equações quânticas. A pluridisciplinaridade rumo à epistemologia holística permanece como desafio e meta. Porém, há razões para otimismo quando se constata a abertura cada vez maior da cartesiana medicina ocidental à acupuntura e o interesse de renomados cientistas pela sabedoria contida nas culturas da Índia e da China. E há razões para júbilo quando se lê na encíclica socioambiental *Laudato Si*, do papa Francisco que "todo o Universo material é uma linguagem do amor de Deus, de seu ilimitado carinho para conosco. O Sol, a água, as montanhas, tudo é carícia de Deus" (84).

A teologia ensina que há três fontes de revelação divina: a Bíblia, o magistério e a tradição da Igreja. O papa Francisco ousa incluir uma quarta, a natureza: "Junto à Revelação propriamente dita, contida na Sagrada Escritura, ocorre uma manifestação divina quando brilha o sol e quando cai a noite" (85).

---

30. EINSTEIN, Albert. *Como vejo o mundo*. 9. ed. Rio de Janeiro: Nova Fronteira, 1981. • EINSTEIN, Albert. *Escritos da maturidade*. Rio de Janeiro: Nova Fronteira, 1994.

Na política fala-se cada vez mais em ética e nas religiões recupera-se a dimensão mística. A ecologia reumaniza a relação entre os seres humanos e a natureza, e as comunicações reduzem o mundo a uma aldeia global. Resta enfrentar o grande desafio de fazer o capital – na forma de dinheiro, tecnologia e saber – estar a serviço da felicidade humana e romper as barreiras das discriminações raciais, sociais, étnicas e religiosas. Então, reencontraremos as veredas que conduzem ao jardim do Éden.

A era da mística

André Malraux sugeriu que o século XXI seria a era da mística. O teólogo Karl Rahner previu que o homem do futuro será místico, alguém que experimenta algo, ou não poderá ser religioso. Como dizia Newman, uma fé passiva, de herança familiar, corre o risco de desembocar, nas pessoas cultas, em indiferença; nas pessoas simples, em superstição.

Deus se comunica conosco através das fontes de sua revelação e de seu Espírito. Nós nos comunicamos com Deus mediante os sacramentos, a oração, a abertura à sua graça. Isso é religiosidade. Uma comunicação intensa transforma-se em comunhão. Isso é mística.

Deus é, na experiência fundante de Elias, uma brisa suave (1 *Reis* 19,10-15). Para Jesus, o Espírito divino é como o vento que sopra onde quer; ouvimos o seu ruído, mas ninguém sabe de onde vem nem para onde vai (*João* 3,8).

Espiritualidade é fazer a experiência desse Ser. Portanto, a espiritualidade exige algo mais do que a adesão da inteligência às verdades reveladas. Exige abertura ao Transcendente e nas relações pessoais prática do amor, inclusive ao inimigo (*Mateus* 5,43-44); nas relações sociais, partilha dos bens da Terra e dos frutos do trabalho humano. Raiz e fruto não podem estar separados.

A tradição religiosa oferece-nos um vasto leque de espiritualidades: hinduísta, judaica, cristã, islâmica. Dentro do cristianismo, católica, ortodoxa, protestante. Dentro do catolicismo, beneditina, franciscana, dominicana, jesuítica, vicentina etc. O que identifica essas diversas espiritualidades é abrir aos seres humanos a possibilidade de transformarem o coração de pedra em coração de carne, livrarem-se de medos e egoísmos, tornarem-se melhores, mais compassivos e solidários, despojados dos apegos e das ilusões que dificultam uma existência marcada pela prevalência do espiritual. Por sua vez, o que caracteriza a espiritualidade cristã é tudo isso centrado no seguimento de Jesus.[31]

Ao entrar em uma livraria católica, encontramos uma seção de espiritualidade. Ali, estampas exibem fotos de montanhas ao alvorecer, lagos paradisíacos, bosques outonais cobertos de folhas e atravessados por raios dourados do Sol. Assim também costumam ser as capas dos livros de espiritualidade cristã. O que aquelas imagens sugerem é que estaremos tanto mais próximos de Deus quanto mais distantes do mundo.

Ao observar aquelas fotos, penso nos trabalhadores e desempregados que durante anos assessorei na Pastoral Operária do ABC paulista. A considerar as tribulações de suas vidas, sempre ameaçadas pela pobreza, só se fossem presenteados com uma passagem à Suíça para que pudessem se aproximar de Deus...

Felizmente, aquelas sugestões monásticas pouco têm a ver com o paradigma da espiritualidade cristã: Jesus de Nazaré. O que o Evangelho nos comunica está mais próximo das fotos de Sebastião Salgado. Jesus é aquele que viveu a espiritualidade do conflito. A conflitividade marcou toda a sua existência, da fase pré-natal, devido à desconfiança de adultério de Maria, à morte

---

31. BETTO, Frei. *Um Deus muito humano* – Um novo olhar sobre Jesus. São Paulo: Fontanar, 2015.

como maldito na cruz. Portanto, enganam-se os que buscam uma espiritualidade desencarnada em nome do Verbo encarnado.

As pautas da espiritualidade de Jesus estão muito bem demarcadas no *Sermão da Montanha*, em especial nas *Bem-Aventuranças*, no capítulo 25 de *Mateus*, e nos capítulos 13 a 17 de *João*. Dois aspectos as caracterizam: a abertura àqueles que necessitam dos dons imprescindíveis à vida e a intimidade com Deus, sobretudo em momentos especialmente reservados para orar a sós (*Lucas* 6,12; 9,18).[32] Jesus deixa-se permanentemente desinstalar-se pelo próximo e pelo Pai. O Espírito de Deus não cabe nos limites geométricos de nossos apegos e projetos, já que no caminho que conduz de Jerusalém a Jericó há sempre alguém que requer a nossa mudança de rota.

Todos os pedidos que Jesus ouve se resumem a dois: "Senhor, o que devo fazer para merecer a vida eterna?" Esta primeira indagação jamais sai da boca de um pobre. É o que perguntam aqueles que já têm assegurada a vida terrena – Nicodemos, Zaqueu, o homem rico e o doutor da lei na parábola do Bom Samaritano. A esses Jesus responde com desagrado e ironia.

O segundo pedido é o que brota da boca dos pobres: Senhor, minha mão está seca e preciso trabalhar; minha filha agoniza e a quero viva; meu servo está enfermo e quero vê-lo com saúde; meu olho está cego e desejo enxergar etc. A esses, que pedem vida nesta vida, Jesus responde com compaixão e carinho. Porque ele veio "para que todos tenham vida e vida em plenitude" (*João* 10,10).

Espiritualidade na pós-modernidade

Nós, homens e mulheres da modernidade, somos filhos de pais separados: a cultura semita, não dualista, e a cultura grega, dualista, cujo casamento foi abençoado por Santo Agostinho. A

---

32. BETTO, Frei. *Oito vias para ser feliz*. São Paulo: Planeta, 2014.

leitura da Bíblia pelos óculos gregos favoreceu uma espiritualidade onde a adesão a um catálogo de verdades predominava sobre a *conversio cordis* e a *conversio morum*: mudança de valores, hábitos e atitudes.

Platão havia situado as ideias em um mundo à parte, avesso à nossa sensibilidade. Aristóteles teve o mérito de encarná-las no coração da matéria. Não há ideias senão pela porta dos sentidos. Ora, não haveria algo de platônico numa espiritualidade que pretende prescindir dos sentidos? A ascética medieval, influenciada por Plotino, criou o antagonismo entre Céu e Terra, sobrenatural e natural, corpo e espírito e, em consequência, Igreja e mundo. O racionalismo moderno delimitou campos entre o profano e o sagrado, a religião e a política, a Igreja e o Estado. A Deus o que é de Deus, e a César o que é de César...

A pós-modernidade faz a experiência religiosa desbordar dos limites das instituições religiosas e irromper nos meios científicos e políticos. O mundo se reencanta, suprimindo as mediações entre o humano e o sagrado. Físicos buscam ávidos o que há na mente de Deus, e políticos, como Gandhi, Luther King e Mandela, extraem de suas experiências e convicções religiosas a ética que norteia suas atividades políticas.

Como o jogo de busca de Wally, hoje ninguém mais dá ouvidos ao anúncio de Nietzsche, de que Deus está morto, e todos perguntam: Onde está Deus?[33]

Há uma multiplicidade de respostas. A Nova Era apressa-se a sugerir movimentos religiosos sem Igrejas, sem mandamentos, sem Deus, bem adequados ao individualismo que marca a sociedade atual. Haveria uma espécie de conspiração universal, cósmica, que faz convergir energias positivas através da ioga, da

---

33. BETTO, Frei. *Fome de Deus* – Fé e espiritualidade no mundo atual. São Paulo: Paralela, 2013.

meditação transcendental, da medicina alternativa, da alimentação macrobiótica. A relação entre os seres humanos e a natureza deixa de ser conflitiva; a serenidade favorece o amor; a paz interior torna-se o bem maior.

Tudo isso é bom, desde que não se caia na cilada do sistema de dominação, que visa a isolar em ilhas de utopias aquelas energias que poderiam convergir para transformá-lo. Modifico meus hábitos, mas não transformo o mundo. Salvo as baleias, mas não me empenho em libertar da fome as crianças da África subsaariana. Busco a minha serenidade, sem ameaçar as estruturas sociais que perpetuam desigualdades e engendram violência.

O sistema não é indiferente a tais manifestações. Por isso, procura cooptá-las. O consumismo ergue *shopping centers* com linhas arquitetônicas de catedrais estilizadas; transfere os ícones para os objetos de consumo; faz do mercado um templo; e os índices da Bolsa e as oscilações do dólar tornam-se os oráculos que decidem a nossa salvação ou perdição.

Na falta de utopias e alternativas históricas é a experiência religiosa que imprime sentido à vida das pessoas. Ainda que essa experiência venha invertidamente contida no valor agregado a uma mercadoria: o carro que me torna mais importante; a roupa de grife que me faz mais notável; os hábitos de consumo que me introduzem no estreito círculo dos que, em vida, são canonizados pelo *status* que desfrutam.

A religião, hoje, tem que ser uma eleição do sujeito, o que implica certa experiência. Já não se nasce religioso. Adere-se a uma das propostas do mercado da credulidade. Adota-se um estilo de religiosidade deliberadamente sincretista, com elementos oriundos de múltiplas tradições. Converte-se a comunidades capazes de configurar entre si seus sistemas de crenças, práticas, atitudes e ritos, que constituem o corpo de mediações de cada religião. A era da subjetividade desloca o centro da religião para a experiência pessoal – o que exige o fator místico, como personalização da experiência religiosa.

O desafio, agora, é resgatar a dimensão cósmica e histórica da revelação judaico-cristã e romper o dualismo entre Marta e Maria. Nosso Deus não é um deus qualquer. Tem marca histórica, currículo, é o "Deus de Abraão, Isaac e Jacó". É o Deus de Jesus e dos apóstolos. É o Deus criador. Por sua vez, a ação tem que surgir da contemplação e a contemplação abastecer a ação. "Marta e Maria devem estar juntas para hospedar o Senhor..."[34].

Temos que aprender com os místicos a relativizar as mediações que nos conduzem à união com Deus. O templo não é melhor do que a rua; a vida religiosa não é melhor que a profana; a liturgia não é melhor que o trabalho; o bosque banhado pelo alvorecer não é melhor do que as fábricas do ABC paulista. O encontro com Deus não se faz por arroubos ou emoções piedosas. Faz-se pelo caminho do samaritano, quando damos de comer ao faminto e de beber ao sedento. Dá-se pelo sentido histórico que nos conduz ao lá na frente – o Reino de Deus.

Diafania

Identificar o ideal de vida cristã com a figura tradicional do místico, do anacoreta, do monge, é propor ao povo de Deus uma dedicação ao universo religioso e uma radicalidade ascética incompatível com a vida atual, a família, a profissão. É cindir a vida cristã entre um pequeno grupo de seletos chamados à perfeição e os demais obrigados a contentarem-se com uma vida medíocre. Rahner falava em "mística da cotidianidade" e "experiência intensa da Transcendência". J.B. Metz enfatiza a "mística dos olhos

---

34. TERESA DE ÁVILA. Moradas 4, 12. In: NIGG, Walter. *Teresa de Ávila*. Herder, 1981, p. 126.

abertos".[35] Levinas ressaltava o caráter ético da espiritualidade ao afirmar que "a voz de Deus é o rosto do próximo".[36]

Temos, pois, que aprender com Jesus a conciliar a proclamação do Reino em meio à multidão e os momentos de intimidade solitária com o Pai. Oração e ação como faces da mesma moeda. Assim, se formos capazes de reconhecer o caráter sacramental da natureza e encontrar o tesouro escondido na face daquele que se identificou com os condenados da Terra (*Mateus* 25,31), então teremos encontrado a Água Viva que brota de nosso próprio poço.[37]

Tudo o que está dito acima me parece resumido neste texto de *A missa sobre o mundo*, que Teilhard de Chardin escreveu na China, em 1923, no deserto de Ordos:

"Cristo glorioso, influência secretamente difusa no seio da Matéria e Centro deslumbrante em que se ligam todas as fibras inúmeras do Múltiplo; Potência implacável como o Mundo e quente como a Vida; Vós que tendes a fronte de neve, os olhos de fogo, os pés mais irradiantes que o ouro em fusão; Vós cujas mãos aprisionam as estrelas; Vós que sois o primeiro e o último, o vivo, o morto e o ressuscitado; Vós que reunis em vossa unidade todos os encantos, todos os gostos, todas as forças, todos os estados: é por Vós que meu ser chama com um desejo mais vasto do que o Universo – Vós sois verdadeiramente meu Senhor e meu Deus!"

"Senhor, encerrai-me no mais profundo das entranhas de vosso Coração. E, quando aí me tiverdes, abrasai-me, purificai-me, inflamai-me, sublimai-me, até a satisfação perfeita de vossos gostos, até a mais completa aniquilação de mim mesmo."

---

35. METZ, Johan Baptist. *Mística dos olhos abertos*. São Paulo: Paulus, 2013.

36. RAHNER, Karl. Espiritualidad Antigua y actual. In: *Escritos de teologia* VII. Madri, 1969.

37. BETTO, Frei. *Fé e afeto* – Sobre vida e práticas espirituais. Petrópolis: Vozes, 2019.

"Toda minha alegria e meu êxito, toda a minha razão de ser e meu gosto de viver, meu Deus, estão suspensos a essa visão fundamental de vossa conjunção com o Universo. Que outros anunciem os esplendores de vosso puro Espírito! Para mim, dominado por uma vocação que penetra até as últimas fibras de minha natureza, eu não quero, não posso dizer outra coisa que os inúmeros prolongamentos de vosso Ser encarnado através da matéria – jamais poderia pregar senão o mistério de vossa Carne, ó Alma que transpareceis em tudo o que nos rodeia!"

"Ao vosso corpo em toda a sua extensão, ao Mundo tornado por vosso poder e por minha fé o crisol magnífico e vivo em que tudo aparece para renascer, eu me entrego para dele viver e dele morrer, ó Jesus!"[38]

Muitos séculos antes de Teilhard de Chardin, o apóstolo Paulo nos assegurou: "A própria natureza criada será libertada do cativeiro da degeneração em que se encontra, recebendo a gloriosa liberdade outorgada aos filhos de Deus. Sabemos que toda a Criação geme e sofre como dores de parto até o presente dia. E não somente ela, mas igualmente nós, que temos os primeiros frutos do Espírito, também gememos em nosso íntimo, esperando, com ansiosa expectativa, por nossa adoção como filhos e a redenção do nosso corpo." (*Romanos* 8,21-23).

* * *

---

38. CHARDIN, Teilhard de. *La messe sur le monde*. Paris: Editions du Seuil, 1962.

Meu caminho de Damasco

Não sou de exageros e ainda que nem sempre prefira a virtude entre os extremos repudio o excessivo racionalismo. Nem tudo é definível, enquadrável no arcabouço geométrico dos conceitos, lapidável como a espinha pedregosa do dragão que circunda a China. Talvez a evanescência, matéria-prima dos sonhos, me seja mais cativante que a lógica formal dos que se julgam cheios de certezas. Nunca me afeiçoei a essa mania ocidental de conferir na régua de Descartes todas as medidas; prefiro a flor de lótus dos vedas e os mitos dos indígenas amazônicos cheios de assombros.

Os conceitos são úteis como as facas; pontudas e cortantes, exigem certo adestramento ao bom manejo, porém é mais conveniente mantê-las distantes e bem guardadas. Eles se parecem ao guarda-chuva; não evita que a água nos atinja, são incômodos de carregar e, com frequência, abandonados em algum canto impossível de ser lembrado. Aliás, estudante de antropologia no anexo da USP na rua Maria Antonia, em São Paulo, propus ao meu mestre, Egon Schaider, uma tese sobre guarda-chuvas. Encarou-me com espanto interrogativo de quem se perguntava se eu falava a sério ou ironizava. Desdobrei-me em explicações: a criatividade do ser humano imprime à tecnologia avanços inimagináveis. Voamos seguros a bordo de aeronaves transatlânticas e, no entanto, sob a chuva ficamos na dependência de um cabo de madeira revestido de saia e que, além de nos ocupar uma das mãos, expõem-nos à umidade e aos respingos. Como se explica a inteligência humana criar naves espaciais e não ser capaz de inventar algo mais eficiente que o guarda-chuva?

Na casa do avô materno, Ismael, havia um telefone de manivela pregado na parede e, criança, eu tinha de subir num tamborete para alcançar o áudio parecido a um bilboquê e falar no fone preto assemelhado a um copo-de-leite. Como poderia ele supor que, um dia, o celular caberia na palma da mão? Sua mulher, vovó Maria, morreu nos anos 50 sem conhecer o plástico...

A nossa inventividade cessa no guarda-chuva. Ninguém é capaz de propor algo melhor que nos impeça de ficar molhados e sem aquelas barbatanas que se dobram à fúria dos ventos.

Não levei adiante o propósito da tese que talvez viesse a revolucionar a tecnologia, mas ficou-me a certeza de que os conceitos servem para proteger a cabeça, e nem sempre nos são úteis para evitar tropeços nas poças que palmilham a existência.

Assim é a fé. Substantivo tão sucinto, uma única sílaba, e tão profundo. Malgrado toda a literatura teológica que passou sob os meus olhos e as pregações captadas por meus ouvidos, continuo sem saber defini-la. Crer no que não se vê me parece insuficiente, pois creio que os dinossauros habitaram o nosso planeta ou que os *quarks* existem sem jamais ter visto um deles. Talvez seus derivativos – confiança e fidelidade – sejam mais convincentes. Confiar é relacionar-se com fé e fidelidade é ter fé no caráter íntegro dessa relação. Ora, eis-me aqui na arapuca dos conceitos! E como bem disse meu confrade Tomás de Aquino, a vida extrapola os conceitos. E fé é vida e, a rigor, indefinível, assim como a fórmula química H_2O é descabida para traduzir o prazer de um banho antes de dormir.

Iniciação familiar

Minha mãe, militante da Ação Católica importada do catolicismo francês após a Segunda Grande Guerra e arejada pelas filosofias de Jacques Maritain e Emmanuel Mounier, incutiu-me uma fé bafejada de anjos e exorcizada de demônios. Deus, pai do meu pai e do pai do meu pai e pai de todos os pais, incumbira o anjo Gabriel de guardar-me dos perigos, embora eu às vezes me sentisse incomodado sob o olhar observante daquele espião invisível, mormente ao retornar da escola e atravessar a feira sem conter o impulso de apropriar-me de uma mexerica ou banana.

A ligação com os céus era direta, já que meu pai abominava padres e só acompanhava minha mãe à igreja quando se tratava de cerimônias de batizado, casamento ou féretro. O Deus de minha mãe era um ser muito afetuoso, assim como ela, e o de meu pai, difuso, mais próximo dos agnósticos que dos cristãos. Mamãe ensinou-me os preceitos da Igreja Católica e me levava aos domingos à missa, ritual aborrecido porque eu não entendia latim nem o português arrevesado dos frades holandeses da paróquia.

Minhas primeiras aulas de catequese, em preparação à Primeira Comunhão, tiveram como palco o salão paroquial da Igreja do Carmo, em Belo Horizonte – um barracão de madeira precariamente erguido à beira da estrada que conduz a Ouro Preto e ao Rio de Janeiro. Próximo passava um córrego sombreado por vigorosos bambus. Confesso que meu interesse nos filmes de Flash Gordon, prêmio a quem assistia às aulas, e brincar de Tarzan com meus amigos no córrego, superavam, e muito, minhas motivações religiosas. Se o Céu existia não podia ser muito melhor do que dependurar-se nos ramos de bambu e deixar o corpo mergulhar na água barrenta. E certamente o Inferno estava muito distante de minha tenra idade e não era admissível que Gabriel, meu anjo da guarda, fosse tão incompetente a ponto de me deixar cair nas garras dos inimigos de Deus.

O diabo, que não gozava de muito prestígio lá em casa, começou a aparecer à minha volta (des)graças às tonitruantes homilias dos carmelitas holandeses, cujo tom de voz soava mais arrepiador que os castigos infernais. Ainda assim eu me fiava em Gabriel, convicto de que não haveria de me trair a confiança. Só me vi em apuros quando os padres sacramentinos italianos da Igreja da Boa Viagem decidiram empreender uma cruzada catequética no grupo escolar Barão do Rio Branco, do qual eu era aluno. Então o Inferno destampou-se e espalhou seu cheiro de enxofre por toda parte. Teria eu que urinar como as mulheres, sentado no vaso sanitário, para evitar segurar o pinto? Então por que Deus não nos fez iguais a elas? E por que o pinto é o membro do corpo mais próximo das danações eternas?

As freiras do colégio Sacré-Coeur de Marie, onde estudaram minha mãe e minhas irmãs, completaram minha preparação à Primeira Eucaristia. A catequese tinha sabor de piquenique no bosque ao fundo do colégio, ao ar livre. Sentada ao meu lado, a religiosa fazia girar um rolo de papel dentro de um vidro e, assim, me permitia captar os vários estados da alma, desde o pretume causado pelo pecado mortal, aos pontinhos pretos dos pecados veniais, culminando com a brancura das almas puras e piedosas. E ela discorria aflita sobre o pudor, embaraçada por ter de explicar a um menino a gravidade dos pecados da carne, sem que eu pudesse entender por que o hábito azul e branco encobria-lhe todo o corpo, exceto mãos e a parte frontal do rosto que o véu gótico deixava aparecer, ocultando-lhe o cabelo, enquanto na cruz Jesus exibe-se desnudo...

Não sei se posso chamar de fé aquele sentimento acolhedor da imagem de Deus e dos anjos desenhado em meu espírito pelo testemunho cristão de minha mãe, e as ameaças de sequestro irremediável de minha alma agouradas pela catequese clerical. O fato é que eu tinha enorme dificuldade de me apresentar no confessionário com uma lista minimamente (in)decente de pecados. Por mais que me esforçasse, só conseguia elencar um punhado de molecagens, mentiras de conveniência, e uns tantos palavrões que me desopilavam o fígado na prática de esportes.

Não havia em mim a consciência de pertença a uma Igreja, com certeza devido ao anticlericalismo de meu pai. Minhas ligações com esse Ser Superior que habitava os píncaros da abóbada celestial davam-se pela intermediação de minha mãe e do anjo Gabriel, que aos poucos se tornou meu cúmplice e atendia as minhas preces de não deixar meus pais descobrirem que eu e Cicinho não estávamos brincando na casa dele e sim pulando o muro do Palácio da Liberdade, sede do governo de Minas, para nadar na piscina privativa dos poderosos.

Papai tinha as suas razões. Meu avô se casara com a filha do fundador da Polícia Militar de Minas e, graças à influência do sogro, não demorou a adquirir estabilidade como ajudante de ordens de vários governadores. Essa proximidade com o poder atraía à casa do coronel Christo, um palacete na rua Maranhão, dignatários civis e eclesiásticos. Bispos e monsenhores desembarcavam altas horas do trem retardatário e batiam à porta de meus avós em busca de pouso. Meu pai se recordava de minha avó erguer-se da cama de madrugada para aquecer, no fogão de lenha, a água do banho dos prelados, enquanto preparava-lhes a ceia. Por vezes reclamavam da temperatura tépida da água e ainda indagavam se, em vez de galinha, minha avó não poderia lhes servir "um lombinho francês"...

Minha pertença à religião católica era similar à minha inclusão entre os torcedores do América, time fundado com a colaboração de meu avô materno, dono da Farmácia Americana, a mais famosa da cidade, e na qual estagiou, por breves meses, um jovem esguio e retraído recém-formado em Farmácia, porém inapto para o ofício devido ao seu interesse obsessivo pela literatura: Carlos Drummond de Andrade.

Juventude Estudantil Católica

Constam nos *Atos dos Apóstolos* que o fariseu Saulo, ao dirigir-se a Damasco, disposto a reprimir os discípulos do Nazareno que provocara uma dissidência no Judaísmo, viu-se cegado por um clarão vindo do céu e caiu por terra (9,1-9). O texto atribuído a Lucas não diz se o futuro apóstolo Paulo caiu do cavalo ou da quadriga que o transportava, embora a tradição prefira a primeira hipótese, é mais solene e pictórica, e tem o sabor da maçã mordida por Adão e Eva no Paraíso, identificada pelo imaginário popular na mera referência ao "fruto proibido" a que se refere o autor do terceiro capítulo do *Gênesis*. Paulo, com seu temperamento impetuoso, e no qual a virtude da humildade parece ter se guardado humildemente, não poderia fazer por menos ao relatar sua conversão a Cristo. Conhecedor profundo das Escrituras, talvez tenha querido estabelecer um paralelo antitético com a queda dos anjos comandados por Lúcifer. O jovem teólogo nascido em Tarso "caiu para cima" e, curado da cegueira farisaica, tornou-se o principal propagador da nova fé inaugurada por aqueles que insistiam em afirmar que o Crucificado ressuscitara.

Minha "conversão" não teve as cores shakespearianas da de Paulo, mas ocorreu também de um encontro inesperado aos meus 13 anos. Dois amigos, Mauro Lambert e Rodrigo Dolabella, andavam em cochichos sentados no muro da casa da família Vidigal, bem defronte à minha casa. Instado pela curiosidade, teimei para que me revelassem o que tanto os entretinha em segredo. Revelaram pertencer a um movimento secreto conhecido apenas por seus membros, e cuja sigla era JEC, Juventude Estudantil Católica. O adjetivo "secreto" atiçou ainda mais a minha curiosidade naquela fase em que eu devorava as obras de Sir Conan Doyle. Disseram que eu teria de esperar ao menos dois anos para ter direito a conhecer aquela sociedade misteriosa que, segundo eles, englobava grande número de jovens. Ora, eu havia chegado à porta, bastava que me dessem a chave. Diante de minha insistência, concederam e me recomendaram procurar no convento dos frades dominicanos, no alto do bairro da Serra, um tal de frei Chico. Era o responsável pela JEC.

Belo Horizonte, com cerca de 600 mil habitantes, era então uma cidade de contornos definidos, cujos limites estavam ao alcance de nossas vistas e de nossos pés. Havia inclusive um bairro, onde ficava o Country Clube, conhecido por Acaba Mundo. Dependurei-me no bonde que partia da rua Goiás, entre as sedes dos Correios e do jornal *Estado de Minas*, e subi a Rua do Ouro até o ponto final – exatamente diante do convento que ocupava extensa área pouco abaixo do Palácio das Mangabeiras, residência oficial do governador. Erguido em tijolos nus, o convento consistia em duas alas em forma de L, um galpão à direita, uma capela à esquerda, e nos fundos um amplo quintal repleto de vegetação. Entre árvores frutíferas, a horta que abastecia a mesa da comunidade e um tanque que servia de piscina aos noviços.

Frei Chico recebeu-me com um sorriso que me pareceu mais amplo que o seu rosto redondo de cearense, cujo sotaque acentuado sobrevivera aos anos de estudos na França. Tinha o cabelo cortado em forma de tonsura, óculos de lentes redondas e grandes, e gestos efusivos. Tratou-me com uma deferência que, até então, eu não havia merecido de nenhum adulto. Falei-lhe do meu encontro com a dupla de amigos e perguntei o que era preciso para ingressar nas fileiras da JEC.

"É preciso ter bago roxo", respondeu, sem que eu pudesse apreender se se tratava de uma exigência, uma ironia ou uma forma de descartar-me. "A JEC não é para qualquer um", acrescentou. Arrancou do bolso do hábito branco um exemplar do Novo Testamento em francês, do tamanho de um maço de cigarros, e exortou: "Você está mesmo disposto a abraçar o Cristo? Cristo não é para qualquer um, é pra cabra macho! Se está disposto, venha para a JEC."

Perguntei por que se tratava de um movimento "secreto". Ele tombou a cabeça para trás numa gargalhada afetuosa e explicou-me: "O cristão tem que ser fermento na massa. Por isso é importante que apareça entre seus colegas como discípulo do Cristo e não como jecista. Não se trata de trazer estudantes para a JEC, e sim de levar o Evangelho ao meio estudantil".

Embora àquela altura eu estudasse em colégio religioso, Dom Silvério, dos irmãos maristas, só naquele dia aprendi o que é Evangelho. Até então supunha tratar-se de leituras contidas no livro de ritual da missa lidas pelo sacerdote antes de proferir o sermão. Nem a catequese nem os maristas me introduziram na Bíblia, malgrado as aulas diárias de religião, no início das quais rezávamos, de pé, o terço e, em seguida, ouvíamos falar de História Sagrada, na versão do padre Álvaro Negromonte, além de comentários da leitura de um compêndio de moral católica para o qual vivíamos em um mundo em que superabundava o pecado.

A JEC era um dos movimentos da Ação Católica especializada conhecidos por A, E, I, O, U: JAC, Juventude Agrária Católica, destinada aos agricultores; a JEC; a JIC, independente, mas de fato integrado por jovens professoras; a JOC, operária, que dera origem aos demais; e a JUC, universitária, o mais aguerrido e cujos líderes, como o sociólogo Herbert José de Souza (Betinho) – mais tarde conhecido por seu empenho no combate à fome –, disputavam com os comunistas a vanguarda do movimento estudantil e a direção da UNE.

Minha experiência de fé e política começou cedo. Aos 13 anos de idade ingressei em um movimento onde só entravam estudantes com mais de 15 anos. Na mesma semana, cometeram outro "erro". Levaram também o irmão do Betinho, que tinha a mesma idade minha. Naquela época, ele era conhecido por Henriquinho e, mais tarde, por Henfil. O pessoal da JEC caçoava de nós dois, chamando-nos de "pré-JEC". Então Henriquinho e eu fizemos o trato de provar para aquela turma que éramos capazes de assumir a militância.

A JEC de Belo Horizonte era assessorada pelos frades dominicanos. Não à toa me tornei um deles... Expúnhamos aos frades, como frei Mateus e frei Chico, inquietações aprendidas na catequese, sobretudo sexuais, próprias da adolescência, das quais carregávamos muita culpa. Os frades arrancavam a boina que cobria a tonsura, coçavam a cabeça e diziam: "Meninos, vocês não têm que se preocupar com isso não! Têm que se preocupar é com a mudança da sociedade. Pecado é deixar o povo passar fome". Frei Chico dizia: "Não aperreia a paciência de Deus. Ele tem mais o que fazer do que estar preocupado com os seus pecadilhos. Temos é que acabar com este pecado no mundo – a injustiça social".

Na JEC, descobri a perspectiva social da militância e a importância de se traduzir em instâncias de poder. Não pelo poder, mas para fazer do poder uma forma de serviço, principalmente aos oprimidos.

Esta é uma exigência de Jesus. No *Evangelho de Lucas* (22,24-27) ele diz: "Os reis das nações as dominam e os que as tiranizam são chamados benfeitores. Quanto a vós, não deverá ser assim. Pelo contrário, o maior dentre vós torne-se como o mais jovem, e o que governa como aquele que serve".

Em Belo Horizonte, a JEC aliou-se à Juventude Comunista para derrubar a direita que liderava a entidade estudantil, a UCMG (União Colegial de Minas Gerais). Nosso objetivo comum era construir um projeto estudantil progressista em Minas.

A JEC era um movimento que se estendia por todo o país. Minas me indicou para, em 1962, aos 17 anos, fazer parte da direção nacional, sediada no Rio de Janeiro. Durante três anos percorri o Brasil duas vezes, procurando fortalecer o movimento, que atuava sintonizado com a JUC (Juventude Universitária Católica), que conquistava cada vez mais espaço político, inclusive indicando, entre seus militantes, vários presidentes da UNE. A UNE era, naquela época, a entidade nacional mais combativa do país.

Esse trabalho da JEC e da JUC criou uma grande rede progressista no Brasil. Os cristãos se colocaram o desafio de não confessionalizar a política. Esta não é só para quem tem fé, é para todos os seres humanos. A modernidade nos impõe a exigência de uma política laica, não confessionalizada. Foi um equívoco da Igreja Católica criar o Partido Democrata Cristão. Um partido deve representar crentes e ateus, agnósticos e indiferentes, sem pautar sua atuação por interesses corporativos alheios ao conjunto da população.

Ao entrevistar o Fidel Castro, em 1985, para o livro *Fidel e a Religião*, fiz uma pergunta que ele considerou intrigante. "Comandante, por que o Partido Comunista cubano é confessional?" Ele ficou perplexo e reagiu: "O Partido é ateu!" Falei: "Justamente por isso é confessional, porque ser confessional não é só afirmar a existência de Deus, mas também negá-la".

Pouco depois, o estatuto do Partido Comunista Cubano foi modificado. Hoje, é um partido laico. Também a Constituição foi modificada. Hoje o Estado cubano é laico, como o brasileiro.

Perguntei ao encarregado dos Assuntos Religiosos, em Cuba se depois que o Partido perdeu o caráter ateísta e abriu as portas aos cristãos, muitos haviam se inscrito? Dr. Carneado respondeu: "A maior surpresa nossa não é a vinda de cristãos para o Partido. É o grande número de militantes do Partido que, agora, revelam que sempre tiveram fé."

Fé e política

Em 1960, militantes da JUC criaram uma entidade onde os cristãos pudessem desenvolver sua prática política sem nenhum vínculo com a instituição eclesiástica – a AP (Ação Popular). Um dos fundadores foi o Betinho. Depois do golpe militar de 1964, a AP transformou-se num grupo de esquerda, chegando a ser marxista-leninista e maoísta.

No dia 6 de junho de 1964, acordei no apartamento em que morava, em Laranjeiras, no Rio, com uma metralhadora nas costas. Pensei tratar-se de um pesadelo e me virei para o outro lado. O policial me cutucou. Era do serviço secreto da Marinha, o Cenimar. Foi presa toda a coordenação da JEC e da JUC, pois consideravam que todos éramos da AP, o que não correspondia à verdade.

Esta confusão pode ocorrer hoje também. Alguém pode acusar o Movimento Fé e Política de ser do PT. Não é verdade. Há companheiros que são do PCdoB, do PSOL, do PSB, do PSTU, do PDT. O Movimento Fé e Política é de todos os cristãos que são políticos progressistas e têm o socialismo no seu horizonte. É um movimento suprapartidário, como diz a sua *Carta de Princípios*.

Fomos presos. Confundiram Betto, de Belo Horizonte, da JEC, com o Betinho, de Belo Horizonte, da JUC. Levei uns sopapos por conta do Betinho. Ele dizia sempre que tinha uma dívida comigo. Conseguiu nunca ter sido preso. Portanto, nunca foi torturado. Custou-me provar que eu não era o Betinho, até eles perceberem que havia um equívoco, mesmo pela diferença de idade.

No ano seguinte, larguei a faculdade de Jornalismo, em 1965, e ingressei na Ordem dos frades dominicanos. Na primeira conversa que tive com o superior geral dos dominicanos do Brasil, eu disse: "Meu projeto de vida não é ser frade. É fazer a revolução no Brasil. Se ser dominicano, ser frade, favorecer isso, eu fico, desde que eu tenha vocação". E ele mostrou-se de acordo.

Na época, companheiros de política estudantil me disseram: "Betto, você está traindo a luta, pois vai se meter num convento!" Hoje, lamento que muitos daqueles estejam acomodados, aburguesados, e eu, que abracei a vida religiosa, continuo militante.

Passei um ano no noviciado, tempo de reclusão, de entrega à oração. A oração é tão fundamental para o militante cristão quanto era o deserto para os profetas. Não dá para alimentar a vida cristã sem vida de oração. Muitas vezes temos preguiça de rezar porque temos medo do diálogo com Deus. Na oração Ele nos deixa claro que rumo tomar. Como não queremos nos converter – este verbo é uma categoria de trânsito –, preferimos empurrar as coisas com a barriga. Porque sabemos que se pararmos para meditar, para orar, vamos ter que abraçar outro caminho.

No noviciado, perdi a fé. Preparei-me para ir embora. Acabei ficando, graças a frei Martinho Penido Burnier, que me aconselhava espiritualmente. Ele disse: "Betto, se você estivesse caminhando à noite por uma floresta e a pilha da sua lanterna acabasse, o que faria? Continuaria andando ou esperaria amanhecer?" Respondi: "O sensato seria esperar amanhecer, pois como vou caminhar no escuro?" Ele aconselhou: "Então espere amanhecer".

Deu-me para ler a obra de Santa Teresa de Ávila. Sou apaixonado por esta mulher, porque salvou o meu projeto de vida. Ensinou-me o que é oração na militância. Até então achava que oração era falar com Deus, pedir a Deus, fazer com Deus o que minha tia fazia com minha mãe: falava tanto ao telefone, que minha mãe largava o fone, ia à cozinha, mexia as panelas, voltava, e minha tia não se dava conta da ausência de mamãe. Há quem faça isso com Deus!

Santa Teresa de Ávila ensinou-me que oração é deixar Deus falar na gente. É fazer silêncio para ouvir melhor. Manter aberto o olho do coração para que entre aquela brisa suave que soprou na vida do profeta Elias. Ele achava que Deus se manifestaria no trovão. Deus não falou no trovão. Esperou que Deus se manifestasse no fogo. Deus não se manifestou no fogo. De repente, o Espírito de Deus falou através da brisa suave.

Isso acontece muitas vezes conosco. Às vezes estamos sintonizados em AM, e Deus em FM. Perdemos a sintonia, porque achamos que devemos comandar a oração, quando a oração vem de lá pra cá. Foi isso que Santa Teresa me ensinou.

Descobri Deus como experiência de amor. Percebi que não precisava, para chegar a Deus, bancar o alpinista, escalar a grande montanha das virtudes morais. Pois a cada vez que eu chegava a dois metros da subida da montanha, cometia um pecado e voltava para baixo, cheio de culpa. "Ah! coitado de mim, pecador que sou. Nunca chegarei lá em cima, nunca serei santo..."

Aprendi que santo não é a pessoa muito religiosa. É a pessoa muito amorosa. No Evangelho, a mais forte crítica de Jesus é às pessoas tidas como muito religiosas, mas nada amorosas, como fariseus, saduceus e escribas de seu tempo. Aprendi com o profeta Oseias como é o amor de Deus a nós. Oseias era casado e levava uma vida matrimonial medíocre. A mulher o abandonou, se apaixonou por um vizinho. Oseias descobriu o fogo da paixão reacender-se dentro dele. A mulher separou-se do vizinho e entrou na rotatividade conjugal. Degradou-se tanto que se prostituiu. Quanto mais ela se degradava, mais Oseias descobria que a paixão por ela era irrefreável. Ela decaiu tanto que nem mais para prostituta servia. Foi levada para o mercado, para ser vendida como escrava. Oseias compareceu ao leilão e arrebatou a mulher.

Assim é o amor de Deus. Não há nada que façamos que Deus nos deixe de amar. Não faz sentido dizer: "Ah! estou afastado de Deus, brigado com Ele, porque cometi um grande pecado". Jesus mesmo disse: "Eu não vim para os são, e sim para os doentes, para os pecadores". Quanto mais precisamos do amor de Deus, mais Ele nos ama. Nós é que, na nossa liberdade, nos abrimos mais ou menos ao amor dele.

* * *

Democracia e valores evangélicos

No tempo de Jesus, a questão da democracia estava posta somente em uma região distante da Palestina: a Grécia. Dominada pelo Império Romano, a Palestina era governada por homens nomeados ou consentidos por Roma: o rei Herodes; os governadores Pôncio Pilatos, Herodes Antipas, Arquelau e Felipe; e o sumo sacerdote Caifás.

O que aparece de novo na prática e na pregação de Jesus é uma velha questão à qual ele deu um enfoque radicalmente diferente de seus contemporâneos: o poder. O poder já era objeto de reflexão dos filósofos gregos desde Sócrates, e a ele Platão dedicou o livro *A república* e Aristóteles, a obra *Política*.

No Primeiro Testamento, o poder é mais do que uma dádiva divina. É a maneira de participar do poder de Javé. É através de seus profetas que Javé escolhe e legitima os poderosos. Todavia, nenhum deles, ao contrário do que ocorria no Egito e em Roma, era divinizado pelo fato de ocupar o poder. Ainda que escolhido por Deus, o poderoso permanecia falível e vulnerável ao pecado. Não se autodivinizava como os faraós egípcios e os césares romanos. Até na Grécia, Alexandre Magno, em desespero por manter centrada em si a unidade de suas conquistas, tratou de autodivinizar-se e exigir que seus soldados o adorassem.

Jesus imprimiu outra ótica ao poder. Para ele, não se trata de uma função de mando, e sim de serviço. É o que ele afirma em Lucas 22,24-27: "Os apóstolos tiveram forte discussão sobre qual deles deveria ser considerado o mais importante. Então Jesus disse: Os reis deste mundo têm poder sobre o povo, e os governadores são chamados de 'amigos do Povo'. Mas entre vocês não pode ser assim. Pelo contrário, o mais importante deve ser como o menos importante; e o que manda deve ser como o que serve. Quem é o mais importante? Quem está sentado à mesa para comer ou quem serve? Eu sou como aquele que serve".

O que levou Jesus a inverter a ótica do poder foi a pergunta: a quem deve servir o poder em uma sociedade desigual e injusta? À libertação dos pobres, respondeu ele, à cura dos doentes, ao acolhimento dos excluídos. Este o serviço por excelência dos poderosos: libertar o oprimido, promovê-lo, fazer com que ele também tenha poder. Por isso, os pobres são "bem aventurados" (*Mateus* 5,3-16) e é neles que Jesus identifica os seus semelhantes ("Tive fome e me deste de comer"... *Mateus* 25,35-45).

Para que o poderoso não se deixasse embriagar pelo cargo que ocupa, Jesus propôs que ele se submetesse à crítica de seus subalternos. Quem de nós é capaz disso? Qual o pároco que indaga de seus paroquianos o que pensam dele? Qual o dirigente de partido político que solicita de seus correligionários uma avaliação de seu desempenho no cargo? Qual político pede a seus eleitores que o critiquem? No entanto, Jesus não temeu indagar de seus discípulos o que pensavam eles e o povo a respeito dele (*Mateus* 16,13-20; *Marcos* 8,27-30; *Lucas* 9,18-21).

A questão do poder é o coração da democracia. Palavra que significa, etimologicamente, governo do povo para o povo.

Pressupostos evangélicos da democracia

Não é papel da Igreja Católica indicar como ideal este ou aquele modelo político, e repetir o equívoco de meu confrade Tomás de Aquino, que considerou a monarquia parlamentar a melhor forma de governo (*Do regime dos príncipes* e *Comentário da política de Aristóteles*). O teólogo dominicano assim o fez porque o regime monárquico reflete a estrutura hierarquizada da Igreja, e nele a palavra da autoridade coincide, em princípio, com a verdade. O papado é, hoje, a única monarquia absoluta vigente no Ocidente.

Pode-se encarar a questão pelo lado oposto: a estrutura eclesiástica reflete o sistema imperial e o regime monárquico por ter sido arquitetada quando ainda não havia senão governos autoritários e centralizadores, embora os gregos já tivessem lançado os fundamentos do que, mais tarde, resultaria no atual sistema democrático.

Se não se pode extrair dos evangelhos um modelo ideal de sociedade, nem identificar o cristianismo com o capitalismo, o socialismo ou qualquer outro "ismo", é certo que a palavra e a prática de Jesus contêm princípios e valores normativos ao tipo de modelo político compatível com os pressupostos de nossa fé cristã. Quais seriam esses valores ou paradigmas?

A soberania da vida

A que veio Jesus? Fundar uma Igreja, curar doentes, minar as bases do Império Romano? Nada disso sobressai nos evangelhos como propósito prioritário da missão de Jesus. Ele priorizou a defesa do dom maior de Deus: a vida. "Vim para que todos tenham vida e vida em plenitude" (*João* 10,10).

Jesus se opôs a tudo que ameaça a vida: doenças (*Mateus* 9,1-8; 27-31; *Lucas* 5,12-14), discriminação (*Lucas* 5,29), opressão (*Marcos* 12,40), legalismo (*Mateus* 12,9-14) etc. A chave de leitura dos evangelhos não se resume ao dilema pureza x impureza, que caracterizava a espiritualidade dos fariseus, e sim vida x morte, libertação x opressão.

O texto de *Mateus* 25,31-46 nos serve de paradigma. Perguntado quem haveria de se salvar, Jesus não elencou as práticas piedosas do bom religioso nem a adesão à sua fé. Destacou a defesa da vida: "tive fome... sede... enfermo... oprimido..." Sublinhou que não é a fé que nos salva ("Nem todo aquele que diz Senhor, Senhor, entrará no Reino do Céu", *Mateus* 7,21) e sim a prática da justiça, a capacidade de reconhecer no outro um ser dotado de ontológica sacralidade.

Ainda que realizada sem motivação explícita de fé, a prática da justiça ou da caridade é o mandamento que reflete por excelência a vontade de Deus e resume todos os outros. Aqueles que a assumem, e não possuem fé, somente do outro lado da vida terão ciência de que, ao defender o faminto, o doente, o migrante etc., prestaram serviço e culto ao próprio Deus – de quem somos, todos, imagem e semelhança.

O direito dos pobres

Todos os documentos episcopais editados pelos bispos da América Latina, de Rio de Janeiro (1955) a Aparecida (2007), enfatizam a opção preferencial pelos pobres. O que significa isso?

As primeiras páginas da Bíblia deixam claro que Deus nos criou para viver num paraíso. Se já não existe o Jardim do Éden não é culpa do Criador, e sim das criaturas que, livres para acolher ou não os dons e o amor de Deus, subverteram o projeto original de Javé e introduziram o pecado e a injustiça.

Ao se encarnar numa sociedade injusta, desigual e conflitiva como a Palestina do século I, Jesus assumiu deliberadamente o lugar social e epistêmico dos pobres. Dirigiu, sim, sua palavra a todos, mas a partir de defesa intransigente do direito dos pobres. Por quê? Seriam os pobres mais virtuosos que os demais?

Jesus toma a defesa dos direitos dos pobres, não por terem eles mais méritos aos olhos de Deus, e sim pelo simples fato de serem pobres. Ou seja, a pobreza é o sinal de que o projeto originário de Deus foi injustamente subvertido. Pobreza é carência de bens essenciais à vida digna e feliz. E nenhuma pessoa escolhe ser pobre. Todos que o são foram involuntária e injustamente condenados a tal situação. Tanto que se esforçam – através de jogos de azar, trabalho insano, migração, crime, magias ou teologias da prosperidade imediata – para se livrarem o quanto antes da pobreza.

Não há na Bíblia um só versículo que afirme ser a pobreza agradável aos olhos de Deus. É um mal, fruto amargo de nossas relações injustas. Os pobres, entretanto, são bem-aventurados porque o próprio Deus vem em sua defesa, e nos exige fazê-lo com fome e sede de justiça (*Mateus* 5,1-10).

A partilha

Se a opção política dos cristãos deve levar em conta em que medida este regime de governo ou sistema político e econômico assegura a todos vida, e vida em abundância; se deve considerar também o direito e o acesso de todos a uma existência digna e feliz, o que supõe combate às causas de pobreza e exclusão social;

um terceiro pressuposto é evidenciado pelos evangelhos: a partilha dos bens essenciais à vida.

Avalia-se uma sociedade, não pelo número de partidos políticos que possui e de eleições que promove, e sim pelo modo como a sua população produz, distribui e consome os bens essenciais à vida digna e feliz. A democracia política se desmoraliza quando não se completa em democracia econômica.

Ao batizar Jesus, João definia o que seus discípulos deveriam fazer na prática: "As multidões perguntavam a João: 'O que devemos fazer?' Ele respondia: 'Quem tiver duas túnicas, dê uma a quem não tem. E quem tiver comida, faça a mesma coisa'" (*Lucas* 3,10-11).

É o que nos ensinam também as cartas de *João* (I, 4,20-21) e *Tiago* (2,14-24), e o episódio evangélico conhecido por "multiplicação dos pães" (*Marcos* 6,30-44).

O poder como serviço

Na crítica ao poder, Jesus é explícito e propõe uma inversão: "Os reis das nações têm poder sobre elas, e os que exercem autoridade são chamados benfeitores. Mas entre vocês não deverá ser assim. Pelo contrário, o maior entre vocês seja como o mais novo; e quem governa, como aquele que serve" (*Lucas* 22,25-26). Portanto, para Jesus o poder é serviço.

Para salvar a vida de um homem, Jesus não temeu precipitar no abismo uma vara de dois mil porcos (*Marcos* 5,1-20). Ora, lido hoje, fora do contexto, o episódio pode parecer um gesto caridoso. Foi mais do que isso. Os demônios que saíram do homem diziam-se chamar "legião", e este era exatamente o nome das corporações militares romanas. A ocupação de Israel era assegurada pelas armas da Décima Legião acantonada em Damasco, cujo estandarte – para horror dos judeus – trazia o emblema de um porco. Além disso, aquela vara pertencia a um proprietário que não deve ter ficado muito satisfeito quando soube que Jesus, para salvar vidas humanas, não cultuava o direito à propriedade privada. Por isso, o episódio termina por informar que Jesus teve de fugir da cidade para escapar da perseguição.

Segundo *João* 13, versículo 4, Jesus lavou os pés dos discípulos. Chegou a vez de Pedro: "Senhor, vai lavar os meus pés?" Jesus respondeu: "Agora você não sabe o que faço, ficará sabendo mais tarde". Pedro reagiu: "Não permito que lave os meus pés". Jesus retrucou: "Se eu não lavar, você não terá parte comigo!" Simão acedeu: "Então, Senhor, pode lavar, não somente os pés, mas também as mãos e a cabeça".

Jesus se colocou no lugar do servo, daquele que se abaixa e não se envergonha de servir ao próximo.

Na parábola do *Bom Samaritano*, capítulo 10 de *Lucas*, o doutor da lei – portanto, um teólogo – perguntou a Jesus: "Quem é o meu próximo?" Jesus não raciocinava em categorias abstratas. O próximo, para ele, era um ser datado, localizado: "Um homem descia de Jerusalém para Jericó, e caiu nas mãos dos assaltantes, que lhe arrancaram tudo e o espancaram. Depois foram embora e o deixaram quase morto".

Era tempo de festa em Jerusalém. Na época não havia cartão de crédito, cheques, transferência bancária eletrônica. Quem vendia produtos em Jerusalém descia para Jericó com o bolso cheio de moedas. Possivelmente, os ladrões ficaram irritados porque aquele homem quase não tinha dinheiro. Então, deram--lhe uma surra.

Jesus não fez nenhuma crítica aos assaltantes, mas observou que um sacerdote, que descia pelo mesmo caminho, viu o homem caído e seguiu em frente. Depois, veio um levita; também passou indiferente. Ora, podemos supor que o sacerdote e o levita não ficaram indiferentes por má vontade. Tinham que participar da missa das 6 da tarde em Jericó e, para não se atrasar, deixaram de socorrer o homem... Mas na missa incluíram a vítima caída na beira da estrada nas Orações dos Fiéis...

Jesus só levou em conta a ética do samaritano. Este não conhecia o homem, não tinha nada a ver com ele, mas diante de um oprimido, um caído, um explorado, mudou o rumo do seu caminho para socorrê-lo.

Ética é isso! Não é fazer bem apenas a quem encontro em meu caminho. É ser capaz de mudar o rumo do próprio caminho na direção dos mais necessitados. Conversão, categoria de trânsito, não é questão de sentimento, e sim de sentido – quem caminhava pela indiferença tome agora o rumo da solidariedade.

Esta a atitude que o Evangelho exige: fazer do poder, qualquer forma de poder, serviço, de modo a trazer vida para todos, e vida em plenitude (*João* 10,10).

Pão nosso, Pai nosso

Não haverá verdadeira democracia enquanto esses quatro pressupostos não estiverem estruturalmente assegurados para todos: direito de acesso às condições dignas de vida; combate às causas da miséria e da pobreza; partilha dos "bens da Terra e dos frutos do trabalho humano", como se reza à mesa eucarística; e poder como serviço.

Na Eucaristia, todos têm igual acesso à comida e à bebida, ao pão e ao vinho transubstanciados em corpo e sangue de Jesus – assim podem se considerar, de fato, irmãos e irmãs, porque repartem o "pão nosso", e chamar verdadeiramente Deus de "Pai nosso".

Estado laico e Estado confessional

Laico ou leigo é aquele que não atua condicionado por orientação religiosa. Estado confessional é o que adota oficialmente uma determinada crença, como o Estado do Vaticano e a Costa Rica, católicos; o Estado de Israel, adepto do judaísmo; e vários outros do mundo árabe, que professam o islamismo. Também os países comunistas, com seus Estados oficialmente ateus, eram confessionais.

A modernidade introduziu o Estado laico, que não abraça uma religião específica e representa todos os cidadãos, sejam eles desta ou daquela profissão de fé – crentes, ateus ou agnósticos.

Há hoje, contudo, segmentos religiosos interessados em impor suas convicções doutrinárias a todo o conjunto da sociedade. E só há dois modos de fazê-lo: converter todos os cidadãos a uma crença religiosa (o que é impossível) ou pela via do poder político. Criam-se bancadas religiosas nos parlamentos para, uma vez empossados deputados e senadores, aprovarem leis que obriguem todos os cidadãos a agirem segundo determinados preceitos religiosos.

Exemplos de medidas consideradas válidas para quem segue determinado preceito religioso, mas abusivas quando impostas ao conjunto da sociedade são: não ingerir bebidas alcoólicas; autorizar terapeutas a tentar reverter a homossexualidade; proibir nas escolas o ensino do evolucionismo (os símios são os nossos antepassados) e propagar o criacionismo (Deus criou o mundo tal como descrito na Bíblia: descendemos todos de um casal – Adão e Eva).

Em uma sociedade democrática, o direito à manifestação religiosa e instituições laicas devem conviver em harmonia, sem que um queira se intrometer no outro.

Confessionalizar o Estado é atiçar as chamas do preconceito, da discriminação e do fundamentalismo. A liberdade religiosa deve ser assegurada, todo preconceito combatido, toda discriminação punida e todo fundamentalismo desmoralizado.

Nem Deus pretendeu impor a todos os seus filhos e filhas a fé na existência dele.

* * *

Ética da razão

Os fatores ideológicos que criam, hoje, os piores venenos à prática dos direitos humanos são o preconceito e a discriminação.

Somos todos filhos da loteria biológica. Qualquer um de nós poderia ter nascido no Afeganistão, onde a população civil é bombardeada por drones *made in USA*; na África, onde somalis morrem de fome; no Haiti, onde predomina a miséria. Somos um sopro divino nessa breve vida que temos. Tudo tem começo, meio e fim. Todos haveremos de morrer. E, no entanto, alimentamos preconceito, discriminação, ressentimento...

Ao sair de quatro anos de prisão, muitos perguntavam se eu nutria ódio aos torturadores. Respondia que no início sim, mas logo me curei, ao descobrir, não por virtude, mas por comodismo, que o ódio destrói apenas quem odeia. O ódio é um veneno que se toma esperando que o outro morra. Graças à meditação, consegui harmonia interior.

O grande problema é que o sistema consumista e hedonista se impregna em nossa alma. Quando vejo certos programas e vídeos, penso que o movimento feminista ainda terá que lutar muito, porque exibem o escracho total da mulher. Enquanto crianças e jovens conceberem a mulher como subalterna ao homem, não haverá delegacia suficiente para coibir a violência doméstica. Como querer que o meu filho respeite a mulher se na publicidade ela faz papel de objeto, mera isca erótica para fomentar o consumismo? Isso só terá fim quando mudar essa cultura.

Faço parte do conselho do Instituto Alana (institutoalana. org.br) que defende uma reivindicação importante: proibir, como acontece em vários países capitalistas ricos (mas não se fala disso no Brasil), que qualquer criança trabalhe em publicidade ou que haja publicidade voltada ao público infantil. Muitas guloseimas adoecem nossas crianças por conterem substâncias quimicamente letais. Não é de se espantar quando ocorrem diversos tipos de câncer, obesidade precoce, distúrbios glandulares.

Cada vez que visito uma escola, faço duas perguntas: como é a aula de educação nutricional? Normalmente, há certo espanto, porque inexiste. As crianças comem na merenda a mesma porcariada que o camelô vende na calçada. Daí tantas crianças com excesso de peso, não só por ingerir muito açúcar e gordura saturada, mas também pela falta de brincar na rua e fazer exercícios. Cresce o sedentarismo. A geração da cadeira fica sentada diante do celular, da internet e da TV.

Em seguida, pergunto como é a aula de educação sexual. Os professores esclarecem, mas rebato: não, isso que vocês descrevem é aula de higiene corporal para evitar doenças sexualmente transmissíveis. Em nenhum momento usaram duas palavrinhas-chaves para uma boa aula de educação sexual – amor e afeto.

Hoje, a nova geração transa antes de perguntar o nome do outro. Um rapaz que se gabava de "ficar" com tantas moças, contou à família na mesa de almoço: "Vocês podem não gostar, mas comunico que vou ser pai". Um dos irmãos ironizou: "E tem mais ou menos ideia de quem é a mãe?" Essa é uma geração que ainda não chegou à margem socrática da ética. Por isso não levanta do assento para dar lugar aos idosos no transporte público.

A minha geração, que tinha 20 anos na década de 1960, tinha princípios éticos baseados na noção de pecado. A religiosidade nos incutia ética. Isso acabou. Hoje, quem conhece um jovem de 15 anos preocupado com pecado? Pode haver exceção. Mas não chegamos ainda à proposta de Sócrates, para quem a ética tem de estar baseada na razão e não em oráculos divinos.

A ética deveria ser disciplina transversal em todas as escolas. É espantoso constatar que há escolas de Medicina nas quais ela não figura como matéria prioritária. Muitos julgam que corrupção se resume a embolsar dinheiro público. Ignoram que ter como meta o enriquecimento pessoal de costas para os direitos e as necessidades da coletividade é tão grave quanto roubar. É reforçar as bases de uma sociedade fundada na competitividade, e não na solidariedade.

* * *

Ética e pós-modernidade

Sócrates foi condenado à morte por heresia, como Jesus. Acusaram-no de pregar novos deuses aos jovens. Tal iluminação não lhe abriu os olhos diante do céu, e sim da Terra. Percebeu não poder deduzir do Olimpo uma ética para os humanos. Os deuses do Olimpo podiam explicar a origem das coisas, mas não ditar normas de conduta.

A mitologia, repleta de exemplos nada edificantes, obrigou os gregos a buscar na razão os princípios normativos de nossa boa convivência social. A promiscuidade reinante no Olimpo, objeto de crença, não convinha traduzir-se em atitudes; assim, a razão conquistou autonomia frente a religião. Em busca de valores capazes de normatizar a convivência humana, Sócrates apontou a nossa caixa de Pandora: a razão.

Se a moral não decorre dos deuses, então somos nós, seres racionais, que devemos erigi-la. Em *Antígona*, peça de Sófocles, em nome de razões de Estado, Creonte proibiu Antígona de sepultar seu irmão Polinice. Ela se recusou a obedecer "leis não escritas imutáveis, que não datam de hoje nem de ontem, que ninguém sabe quando apareceram". Foi a afirmação da consciência sobre a lei, da cidadania sobre o Estado.

Para Sócrates, a ética exige normas constantes e imutáveis. Não pode ficar na dependência da diversidade de opiniões. Platão trouxe luzes ensinando-nos a discernir realidade e ilusão. Em *República*, lembrou que para Trasímaco a ética de uma sociedade reflete os interesses de quem ali detém o poder. Conceito retomado por Marx e aplicado à ideologia.

O que é o poder? É o direito concedido a um indivíduo ou conquistado por um partido ou classe social de impor a sua vontade aos demais.

Aristóteles nos arrancou do solipsismo ao associar felicidade e política. Mais tarde, Santo Tomás de Aquino, inspirado em Aristóteles, nos deu as primícias de uma ética política, ao priorizar o bem comum e valorizar a soberania popular e a consciência individual como reduto indevassável.

Maquiavel, na contramão, destituiu a política de toda ética, reduziu-a ao mero jogo de poder, onde os fins justificam os meios. Para Kant, a grandeza do ser humano não reside na técnica, em subjugar a natureza, e sim na ética, na capacidade de se autodeterminar a partir da própria liberdade. Há em nós um senso inato do dever e não deixamos de fazer algo por ser pecado, e sim por ser injusto. E nossa ética individual deve se complementar pela ética social, já que não somos um rebanho de indivíduos, mas uma sociedade que exige, à boa convivência, normas e leis e, sobretudo, cooperação de uns com os outros.

Hegel e Marx acentuaram que a nossa liberdade é sempre condicionada, relacional, pois consiste numa construção de comunhões, com a natureza e os nossos semelhantes. Porém, a injustiça torna alguns dessemelhantes.

Nas águas da ética judaico-cristã, Marx ressaltou a irredutível dignidade de cada ser humano e, portanto, o direito à igualdade de oportunidades. Em outras palavras, somos tanto mais livres quanto mais construímos instituições que promovam a felicidade de todos.

A filosofia moderna fez uma distinção aparentemente avançada e que, de fato, abriu novo campo de tensão ao frisar que, respeitada a lei, cada um é dono de seu nariz. A privacidade como reino da liberdade total. O problema desse enunciado é que desloca a ética da responsabilidade social (cada um deve preocupar-se com todos) para os direitos individuais (cada um que cuide de si).

Essa distinção ameaça a ética de ceder ao subjetivismo egocêntrico. Tenho direitos, prescritos numa Declaração Universal, mas e os deveres? Que obrigações tenho para com a sociedade em que vivo? O que tenho a ver com o faminto, o excluído e o meio ambiente?

Daí a importância do conceito de cidadania. Os indivíduos são diferentes e numa sociedade desigual são tratados segundo sua importância na escala social. Já o cidadão, pobre ou rico, é um ser dotado de direitos invioláveis, e está sujeito à lei como todos os demais.

O capitalismo associa liberdade ao dinheiro, ou seja, ao consumo. A pessoa se sente livre enquanto satisfaz seus desejos de consumo e através da técnica e da ciência domina a natureza. A visão analítica não se pergunta pelo significado desse consumismo e pelo sentido desse domínio.

Agora, a humanidade desperta para os efeitos nefastos de seu modo de subjugar a natureza: o aquecimento global faz soar o alarme de um novo dilúvio que, desta vez, não virá pelas águas, e sim pelo fogo, sem chances de uma nova Arca de Noé.

A recente consciência ecológica nos amplia a noção de *ethos*. A casa é todo o Universo. Lembrem-se: não falamos de Pluriverso, mas de Universo. Há uma íntima relação entre todos os seres visíveis e invisíveis, do macro ao micro, das partículas elementares aos vulcões. Tudo nos diz respeito e toda a natureza possui a sua racionalidade imanente.

Segundo Teilhard de Chardin, o princípio da ética é o respeito a todo o criado para que desperte suas potencialidades. Assim, faz sentido falar agora da dimensão holística da ética.

O ponto de partida da ética foi assinalado por Sócrates: a polis, a cidade. A vida é sempre processo pessoal e social. Porém, a ótica neoliberal diz que cada um deve se contentar com o seu mundinho.

Mas fica a pergunta de Walter Benjamin: o que dizer a milhões de vítimas de nosso egoísmo?

* * *

A revanche de Deus

A religião, no século XX, se libertou de seu caráter heteronômico, a que o fiel recebe da autoridade religiosa e a ela se submete, para adquirir caráter autônomo, como escolha pessoal e convicção íntima. A sociedade se laicizou. O poder já não é exercido em nome de Deus, se dessacralizou. Deixou de ser atribuído ao sobrenatural para emanar da vontade soberana do povo. Eis o advento da democracia.

No entanto, agora assistimos a um retrocesso. Desde a queda do Muro de Berlim, a religião ganha espaço, não propriamente como experiência espiritual, mas como ideologia política. Há uma ressacralização da política. Quando um presidente anuncia que nomeará para o STF um juiz "terrivelmente evangélico", eis um dos sintomas da revanche de Deus.

Max Scheller dizia que "o homem possui um Deus ou um ídolo". A ciência é algo moderno. Teve início no século VI a.C., na Grécia, no confronto com o pensamento considerado mítico ou mágico. A ideia de um Cosmo isento de interferência sobrenatural surgiu na Escola de Mileto, com Anaximandro e Anaxímenes. Criaram-se as condições para o advento da demonstração matemática e de um novo modo de pensar (Tales).

Porém, a humanidade teve de aguardar séculos para adotar a prática da experimentação, o que ocorreu com Galileu. A ciência moderna nasceu no início do século XVII, quando a Europa conheceu profunda revolução cultural e moral, na qual se destacaram Copérnico, Kepler, Galileu, Descartes e Newton. Eles destronaram a cosmologia grega. O Cosmo fechado e perfeito cedeu lugar ao Universo infinito situado no espaço-tempo desprovido de limites e significado.

A Igreja ficou abalada ao ver a ciência questionar suas opiniões a respeito da origem do mundo e do movimento dos planetas. Derruba-se a associação entre verdade e autoridade. O espírito crítico ocupa o lugar do autoritarismo servil.

O poeta John Donne (1611), na época em que a ciência ainda era chamada de filosofia natural, refletiu o espírito da época: "A nova filosofia torna tudo incerto. Tudo está em pedaços, desaparece toda coerência. Não há mais relações justas, nada mais se harmoniza". E Pascal exclamou: "A imensidão desses espaços infinitos me apavora".

Instaura-se o conflito entre ciência e religião. Espinoza expressa a ruptura ao declarar que o objeto da filosofia é unicamente a verdade, enquanto o da fé é a obediência e a piedade.

As monarquias cederam lugar à república. A política, não mais tributária da religião, deve emergir da própria sociedade, sem derivar de um poder sagrado. A felicidade deixou de ser uma quimera pós-morte para se tornar algo a ser alcançado nesta vida.

Agora, em pleno século XXI, a roda gira ao contrário. Frente ao niilismo e ao relativismo levanta-se o fundamentalismo. Incapaz de dialogar com a ciência, a religião se reapropria do poder para ressacralizá-lo e tornar a palavra da autoridade sinônimo de verdade. Ainda que a autoridade declare, sem nenhum pudor, que a Terra é plana e que os indígenas "evoluem, cada vez mais são seres humanos iguais a nós", declarou Jair Bolsonaro em janeiro de 2020. Raciocínio que constitui base das políticas eugênicas de extermínio.

Essa pós-verdade é uma severa ameaça à democracia e aos direitos humanos. Porque prescinde da ciência, reveste-se de caráter religioso e não se envergonha de sua ignorância. Não fala à razão, fala à emoção. Faz os ingênuos acreditarem que as autoridades são oráculos divinos. E que os males da sociedade jamais serão solucionados pela força da lei, e sim pela lei da força. Toda a retórica "democrática" do poder é mero jogo de cena para abrir caminho ao mais inescrupuloso autoritarismo, arraigadamente disposto a se perpetuar no poder.

Essa é a lógica predominante nos escribas, fariseus e saduceus do tempo de Jesus. Ele, sim, foi a revanche de Deus perante o Templo, que se havia transformado em "covil de ladrões" (*Mateus* 21,13).

* * *

Dulce, a santa baiana

Maria Rita de Souza Brito Lopes Pontes, mais conhecida como Irmã Dulce, foi canonizada pelo papa Francisco no domingo, 13 de outubro de 2019, em Roma. Ela mereceu, tamanha a sua dedicação aos pobres. É a primeira santa genuinamente brasileira. Madre Paulina, que viveu no sul do Brasil, nasceu na Itália. Os demais santos brasileiros são quase todos homens, muitos nascidos na Europa, como o espanhol Padre Anchieta. Exceções são o paulista Frei Galvão e os 23 mártires potiguares, entre os quais cinco mulheres.

De fato, o Brasil tem multidão de santos. Santo é todo aquele que viveu segundo as bem-aventuranças anunciadas por Jesus

(*Mateus* 5,1-12, e *Lucas* 6,21-49), ainda que não tenha tido fé, como atesta o capítulo 25 do *Evangelho de Mateus* (31-46).

Temos santos vivos à beça: mulheres abandonadas por seus maridos e que, na pobreza, criam heroicamente filhos e netos; militantes que lutam por justiça e paz; políticos que, com risco de vida, ousam defender os direitos humanos; ambientalistas que enfrentam ameaças de morte; inúmeras pessoas, de diferentes classes sociais, que fazem de suas vidas um dom para que outros tenham vida. Esses santos anônimos, que não esperam reconhecimento ou recompensa, jamais serão elevados aos altares nem terão devotos nas igrejas.

A baiana Irmã Dulce foi uma mulher exemplar. Nascida na classe média alta, se tornou freira e dedicou sua vida a cuidar dos mais pobres. Pena que a Igreja não a incentivou a estudar teologia. As religiosas, em sua maioria, ainda hoje são relegadas a funções subalternas e papéis secundários dentro da comunidade católica. Embora consagrem suas vidas a serviço do próximo, estão impedidas de acesso ao sacerdócio.

Grave falha da Igreja, sobretudo se considerarmos que a primeira apóstola foi uma mulher, a samaritana do poço de Jacó (*João* 4,1-41). E Jesus integrou ao seu grupo várias mulheres, citadas em *Lucas* 8,1, inclusive Madalena, a primeira testemunha de sua ressurreição. A misoginia clericalista não encontra respaldo na prática de Jesus, que escolheu para liderar sua comunidade apostólica um homem casado, Pedro, conforme atesta o *Evangelho de Marcos* (1,30-31).

Espero que a devoção à Irmã Dulce não venha a reforçar o assistencialismo que tanto predominou na Igreja em tempos passados. O sistema econômico injusto produz a desigualdade e a miséria, exclui milhares de famílias do acesso aos serviços de saúde e à educação de qualidade, e os religiosos abrem orfanatos, asilos, hospitais, lactários e casas da mãe solteira para aliviar o sofrimento oriundo da exclusão social.

Felizmente o Concílio Vaticano II e a Teologia da Libertação mudaram esse enfoque ao centrar a evangelização na promoção da justiça e no combate às causas da pobreza. O papa Francisco atua na mesma direção. E inclui, entre as principais vítimas do sistema, a Mãe Natureza. Daí a importância do Sínodo da Amazônia, reunido em Roma entre os dia 6 e 27 de outubro de 2019.

Nesses tempos de hostilidade generalizada, do presidente que ofende indígenas, quilombolas e médicos cubanos cuidadores dos mais pobres, ao procurador que se arma no intuito de assassinar um juiz da suprema corte; nesses tempos de redes digitais, equivocadamente chamadas de sociais, transformadas em trincheiras de injúrias e mentiras; nesses tempos de feminicídio, homofobia e racismo; nesses tempos de xenofobia, eleuterofobia (medo à liberdade) e fundamentalismos, vale sublinhar esta frase lapidar da santa Irmã Dulce: "As pessoas que espalham amor não têm tempo nem disposição para jogar pedras".

* * *

Querida Edith

Há anos medito sobre as surpreendentes veredas de tua vida. Sou apaixonado por ti. Recordo-me de tua infância em Breslau, na Alemanha, quando teus pais, judeus devotos, te levavam aos sábados à sinagoga. Teu pai, comerciante de madeira, infundiu-te a inquietação diante do mistério da fé e ensinou-te que as obras de Javé não cabem na razão humana.

Porém, se já é difícil para um adulto apreender os desígnios de Deus quando passa pela dor, o que não dizer de uma criança que, como tu, aos 12 anos vê o pai dar o último suspiro? Essa morte ressoou em teu espírito como silêncio de Javé. A fé apagou-se em teu horizonte. A ira divina, por uma razão que ultrapassava teus conhecimentos, fulminava como um raio a tua família. Tua mãe assumiu, qual "mulher perfeita", de que fala o epílogo do *Livro dos Provérbios,* a educação de 7 filhos.

Tua atenção centrou-se nos estudos. Em Gottingen, querias entender a razão das coisas. Malgrado os preconceitos machistas, alcançastes o doutorado em Filosofia com uma brilhante tese sobre a empatia. De tal modo resplandecia teu talento que, aos 26 anos, mereceste o convite para, em Fribourg, te tornares assistente de Edmund Husserl, o criador do método fenomenológico, e inspirador de Jaspers, Scheler, Heidegger, Sartre e Levinas.

Aos 31 anos, o anjo de Deus cortejou-te e quebrou a película que impedia a tua inteligência de transcender da razão à fé. Para escândalo de teus familiares, recebeste o batismo e, no mês seguinte, o crisma na Igreja Católica. Teu coração oscilava entre tantos pretendentes e a radicalidade da entrega ao Amado. Como professora no colégio das irmãs dominicanas, releste com outros olhos as obras de Tomás de Aquino.

Em 1933, os alemães foram às urnas e alçaram Adolf Hitler ao poder. Logo, o nazismo iniciou a caça aos judeus. Foste destituída do Instituto Pedagógico de Munster. Prosseguiste, todavia, tuas pesquisas filosóficas. Não te conformavas de ver a filosofia tomista, que renascia nos ambientes cristãos, tão apartada de outras correntes filosóficas modernas.

Assim, esforçavas-te por estabelecer conexões entre razão analítica e intuição contemplativa, especulação e experiência, imanente e transcendente. Deixaste-nos oito preciosas obras que, sobretudo, aproximam o pensamento tomista e a fenomenologia, a antropologia e a teologia.

Uma outra mulher, também religiosa, cativou-te para a noite que une "amado com amada, amada já no amado transformada" – Teresa de Ávila. Esta espanhola de coração fogoso, que viveu cerca de 350 anos antes de ti, tomou-te pela mão como uma menina a outra menina, e conduziu-te ao que todo ser humano aspira: viver na fruição do amor.

Sob a perplexidade de teus colegas de academia, aos 41 anos ingressaste no Carmelo de Colônia. O único bem que levaste para o claustro foram seis grandes baús de livros. Em homenagem à tua inspiradora, tomaste o nome de irmã Teresa Benedita da Cruz, que, aliás, soa bem brasileiro.

No mesmo ano em que te consagrastes ao Absoluto, os nazistas recrudesceram a campanha pela "purificação da raça". Eras judia de nascimento, semita de espírito e discípula de um judeu: Jesus de Nazaré. Tua prioresa considerou prudente afastá-la da Alemanha. Em 1938, foste transferida para o carmelo de Echt, na Holanda.

Porque tinhas muita fé, não conhecias o medo. Mas evitavas a temeridade. Por isso, teu coração apertou-se quando Hitler ocupou a Holanda, em 1941. Oravas pelo fim da guerra e pelas vítimas que, como Anne Frank e sua família, experimentavam, a pouca distância de ti, os mesmos temores.

Em 1942, a Gestapo invadiu o teu Carmelo, arrebentou as portas, profanou o claustro e arrancou-te de tua cela. O terror esquadrinhava cada recanto do mundo para aplacar essa sede de sangue que faz da onipotência um monstro insaciável. Num vagão de gado, foste conduzida, primeiro, ao campo de concentração de Westerbork, na Holanda; logo, transferida para o campo de Auschwitz, na Polônia.

Certa manhã, despiram-te e, em companhia de tantas mulheres, ordenaram-te entrar no salão de banhos encimado por pequenos tubos que desciam do teto. Abertas as torneiras, não era água o que saía, era fumaça. Tuas orações acalmavam-te, enquanto tuas narinas ardiam entupidas pelo gás. Teus pulmões pareciam murchar dentro do peito, inusitada contração de um parto que te fazia nascer para o mais profundo de ti mesma. No mais íntimo de ti, quando todo o oxigênio se esvaíra, encontraste Aquele que inundara a tua vida de amor. Agora, o que era terno arrebatou-te, enfim, para o eterno.

João Paulo II beatificou-te em maio de 1987. A 11 de outubro de 1998, proclamou-te Santa Edith Stein. Não eras perfeita nem deixaste de ser pecadora. Eras, sim, como expressa teu sobrenome, uma "rocha" (*stein*, em alemão). Lembra-te daquele teu mestre que te deixava ruborizada ao dizer em classe: "batam nessa 'pedra' e dela irradiarão faíscas de sabedoria?"

Feminista, és agora uma ponte entre judeus e cristãos, místicos e filósofos, perseguidos e mártires. A comunidade dos fiéis proclama-te modelo para todos nós, especialmente às vítimas da intolerância política ou racial. Soubeste adorar o pai "em espírito e verdade", como recomenda Jesus, e assim viraste um paradigma para tantas jovens que buscam, pelos labirintos de um mundo marcado pelo consumismo e a falta de sentido, uma razão para viver e morrer de amor.

* * *

Quebrar a flauta

Faz décadas, um chargista do jornal "Última Hora", de São Paulo, trocou o rosto de Nossa Senhora Aparecida pelo de Pelé, mantendo o corpo da imagem. Foi um Deus-nos-acuda. Por pouco os fiéis não empastelaram o jornal. Em 1995, um pastor evangélico chutou, diante das câmeras da TV, a imagem da padroeira do Brasil. Houve protestos e indignação geral em todo o Brasil.

Ficamos todos horrorizados perante os violentos protestos dos muçulmanos à publicação de charges de Maomé. Será que nós, ocidentais, mergulhados em uma cultura tão secularizada, temos noção do que significa ridicularizar ícones sagrados?

Contou-me um missionário que atuava entre indígenas que, no início do século XX, um padre, destinado a catequizar uma aldeia do Xingu, ficou indignado ao constatar que o ritual religioso centrava-se em uma flauta tocada pelo xamã, cuja música estabelecia a conexão com o transcendente. Trancadas nas malocas, mulheres e crianças eram proibidas de assistir à cerimônia.

Escoltado por soldados, o missionário trouxe a flauta para o centro da aldeia, fez vir mulheres e crianças, quebrou o instrumento musical, rechaçou-o como idolátrico, e pregou a presença de Jesus na hóstia consagrada.

O que impediu aquela comunidade indígena de vingar-se ao entrar em uma catedral, abrir o sacrário e rasgar as hóstias? A força militar. Só isso. É o que permite ao Ocidente, do alto de sua arrogância, acreditar que somos mais cultos que o Oriente. Eles, os fundamentalistas; nós, filhos do Iluminismo, os esclarecidos.

Quanta ignorância de nossa parte! Ou preconceito, o que dá no mesmo. O que seria da álgebra sem al-Kuarizmi; e a filosofia, sem os comentários de Avicena e, em especial, de Averróis "desplatonizando" Aristóteles? O que seria do Ocidente sem a lógica e a ética, a matemática e a epistemologia derivadas de sábios chineses e indianos, sumérios e egípcios? Se o Oriente fosse tão pouco lógico, como tenta impingir-nos a pretensão eurocêntrica, os chineses não teriam inventado a bússola e o timão, o cultivo em fileiras e o alto-forno, a pólvora e o estribo, o mastro múltiplo e o carrinho de mão, o papel e a imprensa (centenas de anos antes de Gutenberg).

Nós, ocidentais, dessacralizamos o mundo ou, como preferiu Max Weber, o desencantamos. A ponto de decretarmos "a morte de Deus". Se abraçamos paradigmas tão cartesianos, felizmente em crise, isso não é motivo para "quebrar a flauta" dos povos que levam a sério suas raízes e tradições espirituais. Aliás, o fundamentalismo religioso é encontrado também entre a direita cristã dos EUA e os ultranacionalistas que defendem a expansão do Estado de Israel às custas da anexação de territórios palestinos.

Erra o Oriente por ignorar a conquista moderna de laicidade da política e da autonomia recíproca entre religião e Estado. Erra o Ocidente por "sacralizar" a economia capitalista e desdenhar as tradições religiosas, pretendendo confiná-las aos templos e à vida privada.

Os orientais se equivocam por confessionalizar a política, como se as pessoas se dividissem entre crentes e não crentes (ou: adeptos da minha fé e os demais). Ora, o marco divisor da população mundial é a injustiça que segrega 4 dos 7 bilhões de habitantes. Por sua vez, os ocidentais cometem grave erro ao pretender impor a todos os povos, pela força e pelo dinheiro, seu paradigma civilizatório fundado no consumismo e no direito de apropriação privada da riqueza, em detrimento das condições de vida dos não proprietários.

Não mais existem ateus. Existem, sim, aqueles que não creem no Deus da minha fé. Mas são piedosos devotos do mercado "livre", do sagrado direito à propriedade privada, da supremacia do modelo ocidental de democracia (desde que não se queira impo--lo aos países árabes fornecedores de petróleo aos EUA...).

Há qualquer coisa de podre no Reino da Dinamarca quando a mídia satiriza valores religiosos de outros povos e culturas. É fácil falar em "liberdade de opinião" quando quebro a flauta, protegido pela força policial ou militar frente ao objeto de minha sátira.

A reação violenta dos injuriados se explica, mas não se justifica. Se partilhar a mesma fé fosse fator de unidade entre povos, não haveria tantas divisões no interior das tradições judaica, cristã e islâmica. A hegemonia católica na Idade Média já provou que a fé não move montanhas. Só o amor, centrado na prática da justiça – essa capacidade de aceitar o outro em sua dignidade e diferença –, fará de todos nós uma única família humana.

* * *

Idade adulta, fé infantil

Um dos fatores de evasão de católicos da Igreja ou indiferença à pratica religiosa é o fato de muitos fiéis adultos não possuírem outra formação na fé senão a que receberam na infância via família e catequese. Assim, quando as pernas crescem a calça curta já não serve...

Conheço muitos cristãos que não leem a Bíblia por uma razão óbvia: nada entendem do texto. E não sabem onde buscar ajuda. A Igreja Católica dispõe de poucos leigos, religiosas e padres capacitados para administrar cursos bíblicos. Uma das mais promissoras iniciativas é o CEBI (Centro de Estudos Bíblicos) com seus cursos e publicações, mas infelizmente pouco valorizado pela hierarquia da Igreja Católica.

A maioria dos padres conhece apenas noções de lições de seminário, em geral utilizadas para reforçar tradicionais conteúdos devocionais. Muitos não suportam questionamento dos fiéis e, por isso, não se atrevem a ministrar cursos. Preferem o monólogo do sermão de missa, pois ali não convém à assembleia fazer perguntas e muito menos contestações.

Hoje em dia os estudos bíblicos estão de tal modo avançados que muitos fiéis, talvez se sentissem abalados em sua fé se enfocassem os relatos evangélicos à luz das pesquisas mais recentes e destituídos de invólucros míticos. A avalanche devocional recobriu de tal modo os personagens bíblicos, como o próprio Jesus, que fica difícil encará-los como humanos.

Muitos de nós, cristãos, ainda cremos em um Deus cruel que, ofendido por nossos pecados, exigiu que a sua ira divina fosse aplacada por um sacrifício igualmente divino: a morte de seu filho na cruz! Qual pai se compraz em ver seu único filho crucificado?

Como Jesus perdeu a vida todos sabemos: assassinado. Por quê? Não era uma pessoa tão boa, espiritualizada, que "passou a vida fazendo o bem", como diz o evangelista João? Quem haveria de querer matá-lo?

Ora, Jesus nada tinha dessa figura angélica alimentada por eflúvios piedosos. Era "sinal de contradição". Colocou-se ao lado dos injustiçados. Denunciou os ricos e as autoridades de seu tempo. Incomodou os opressores. Não admitiu que corresse dinheiro no Templo, casa de Deus transformada em "covil de ladrões".

Por isso foi assassinado por dois poderes políticos, o romano e o sinédrio judaico. Pilatos e Caifás. Morreu como prisioneiro político.

Nada disso interessa a quem deturpa o Evangelho e sonega seu conteúdo para alimentar uma religiosidade de consolação, e não de compromisso; de evasão, e não de engajamento; de fuga do "vale de lágrimas", e não de inserção amorosa e libertadora no mundo.

A fé necessita de alimento sólido. Não se nutre adultos com papinhas de bebê. Daí o fato de muitos católicos migrarem para Igrejas nas quais a compreensão teológica da Palavra de Deus é trocada por interpretações míticas que reforçam a apatia diante das mazelas sociais. Já que não se tem acesso aos serviços de saúde, ao menos se espera confiante o milagre da cura e se deposita a fé e a poupança no pregador que promete prosperidade em curto prazo. Caso ela não venha, pode ter certeza que você ainda não cortou definitivamente seus vínculos com o diabo...

Menos religião e mais espiritualidade!

* * *

A Bíblia tem razão?

Os estudiosos da Bíblia se dividem em três tendências: maximalistas, minimalistas e centristas. Os maximalistas, que são fundamentalistas, consideram o texto bíblico literalmente verdadeiro. Viva Adão e Eva e fora Darwin!

Os minimalistas negam a veracidade histórica da Bíblia. Toda a história de Moisés, Davi e Salomão teria sido uma grande construção ficcional redigida por autores hebreus para justificar a lógica do poder em Israel.

Os centristas são ponderados. Na Bíblia se mesclam fatos históricos e míticos. A pesquisa científica, em especial a arqueologia, é capaz de separar alhos de bugalhos, graças sobretudo ao avanço da tecnologia do carbono 14.

Maximalistas, como Wellhausen e Albright, utilizaram a arqueologia para comprovar suas teses religiosas, comprometendo o princípio da neutralidade científica. Os minimalistas ou desconstrucionistas, como Kaefer e Finkelstein, argumentam que o texto bíblico reúne um elenco de narrativas lendárias misturadas a fatos históricos ocorridos entre os séculos IX a VI a.C. Assim, a Bíblia não pode ser considerada um relato confiável capaz de comprovar a história de Israel. É uma criação ideológica dos escribas hebreus dos períodos persa e helênico.

Os centristas leem a Bíblia no sentido inverso à ordem canônica dos livros. Utilizam o método do historiador Marc Block, conhecido como história regressiva. Parte-se do contexto em que o texto foi escrito. Graças a recursos como o carbono 14 já se sabe, por exemplo, que as datações do período salomônico do século X a.C. são, de fato, do século IX a.C., do reino de Acabe.

Abraão, Isaac, José, Moisés e Davi existiram de fato ou são criações literárias como Ulisses, Dom Quixote e Hamlet?

Até meados do século XIX, em sua maioria, os arqueólogos eram pastores, sacerdotes e teólogos dedicados à pesquisa com a picareta em uma das mãos e a Bíblia na outra... Novas técnicas são, agora, utilizadas, como fotografia aérea, georradar (que revela dados do subsolo), paleomagnetismo (baseado na inversão da polaridade da Terra), métodos de potássio árgon, datação radiométrica, medição da idade da matéria orgânica, termoluminiscência (para calcular a antiguidade da cerâmica), e interpretação de idiomas antigos. Tais recursos quebram a mudez de inúmeros documentos e fragmentos relacionados à Bíblia.

Hoje se questiona se houve, de fato, a suposta migração de tribos provenientes da Mesopotâmia rumo ao oeste, com destino a Canaã. A arqueologia ainda não encontrou nenhum indício daquele deslocamento massivo de população.

As histórias dos patriarcas bíblicos (2000-1700 a.C.) estão repletas de camelos (*Gênesis* 24,10). Ora, o dromedário só foi domesticado no fim do 2° milênio antes da nossa era e demorou mais mil anos a ser utilizado como animal de carga no Oriente Médio.

Será fato histórico o êxodo, a travessia do deserto, ao longo de quarenta anos, pelos hebreus libertados do Egito? Desde o século XVI a.C. o Egito ergueu, das margens do Nilo até Canaã, fortes militares. Nada escapava àquelas guarnições. E quase dois milhões de israelitas em fuga não poderiam passar despercebidos. Nenhuma estela da época registra tal movimento migratório. Essa multidão não poderia atravessar o deserto sem deixar vestígios. O que há são ruínas de casarios de 40 a 50 pessoas, nada mais. A menos que a horda de escravos libertos, alimentada pelo maná que caía do céu, jamais tenha se detido para dormir e comer...

Supõe-se que, em fins do século VII a.C., funcionários da corte hebraica foram encarregados de compor uma saga épica, composta de uma coleção de relatos históricos, lendas, poemas e contos populares, para servir de fundamento espiritual aos descendentes da tribo de Judá. Criou-se, assim, uma obra literária, em parte elaboração original, em parte releituras de versões anteriores.

O conteúdo do Pentateuco ou da Torá teria sido elaborado 15 séculos depois do que se supõe. Os líderes de Jerusalém iniciaram uma intensa campanha de profilaxia religiosa e ordenaram a destruição dos santuários politeístas de Canaã. Ergueu-se o Templo para que fosse reconhecido como único local legítimo de culto do povo de Israel. Daí resulta o monoteísmo moderno.

No período persa (538-330 a.C.), o povo hebreu, após o exílio na Babilônia, viveu na pequena província de Yehud. Estava fragilizado econômica e politicamente. Seu Deus havia sido derrotado pelo do império babilônico. Como conciliar tamanha frustração com o sonho de ser o único povo eleito de Javé? Graças ao persa Ciro, que os libertou, os hebreus recuperaram a autoestima ao criar uma coletânea de relatos sobre as façanhas do Deus único, histórico, supranacional e senhor do Universo.

De Abraão a Davi, a narrativa bíblica é um mito fundacional, assim como Virgílio, em sua *Eneida*, criou a fundação mítica de Roma por Eneias. Os vencidos reescreveram a história, destacaram-se em uma epopeia acima de todos os povos e resgataram a própria identidade.

Portanto, a Bíblia não caiu do céu. É obra de um povo sofrido, cujo sentimento religioso o levou a se empenhar em descobrir um novo rosto de Deus e recriar sua identidade histórica. Isso, sim, foi um milagre.

Arqueólogos encontraram, na Península do Sinai, inscrições que comprovam que os hebreus cultuavam Javé e sua esposa Asherá ou Asserá. E *2 Reis* 23,6 registra que Asherá figurava entre outras divindades do Templo de Jerusalém até a época de Josias, que mandou queimá-la. Isso demonstra que Israel nem sempre foi monoteísta.

Segundo Reimer (2009), Israel foi politeísta em seus primórdios. A localidade de Kuntillet Ajrud, escavada entre 1975 e 1976 pela equipe do Instituto de Arqueologia da Universidade de Tel Aviv, encontrou fragmentos de cerâmica, de fins do século IX e início do VIII a.C., com esta inscrição em paleohebraico: "Para Javé de Samaria e sua Asherá".

A Bíblia tem alma, espírito religioso, mas nem sempre tem razão ao se referir a fatos históricos. Tais descobertas científicas não abalam a fé, exceto a daqueles que baseiam suas convicções históricas nos relatos bíblicos. A fé, como o amor, é uma experiência espiritual, dom divino, e quando madura não se apoia nas muletas da ciência, assim como a matemática e a física não dispõem de equação que possa explicar o que une duas pessoas que se amam.

* * *

Drogas e religião

Historicamente, o uso de alucinógenos e outros aditivos químicos teve início em rituais religiosos, como ainda hoje ocorre com a ayahuasca, utilizada pelos adeptos do Santo Daime e da União do Vegetal.

Na descrição que o evangelista Mateus faz do nascimento de Jesus consta que os reis magos (astrólogos?) levaram de presente ao Messias ouro, símbolo da realeza; incenso, símbolo da espiritualidade; e mirra, símbolo do profetismo.

O incenso, utilizado inicialmente no antigo Egito e extraído do tronco de árvores aromáticas, é uma "droga" que reduz a ansiedade e o apetite. Ao contrário do que muitos pensam, não é originário da Índia, e sim da Somália, da Etiópia e das montanhas do sul da Arábia Saudita.

A mirra, originária da África tropical, é uma resina obtida dos arbustos do gênero *Commiphora*. Seus efeitos analgésicos se comparam aos da morfina. No *Evangelho de Marcos*, aparece, mesclada ao vinho, oferecida a Jesus torturado antes de o crucificarem. Ele rejeitou a bebida.

Hoje, as substâncias químicas obtidas de plantas superaram o âmbito religioso e terapêutico e se tornaram iscas à dependência química com suas nefastas consequências, como é o caso da coca, cuja folha é mascada pelos indígenas andinos para facilitar a respiração em regiões de oxigenação rarefeita.

Há ainda a produção de drogas sintéticas e o "doctor shopping", o médico que produz poderosos analgésicos capazes de provocar a morte de seus pacientes, como foram os casos de Michael Jackson e Whitney Houston.

A repressão ao narcotráfico não mostra resultados satisfatórios. As famílias dos dependentes, desesperadas, buscam internações e terapias "miraculosas".

Ora, médicos, remédios e terapias podem, sim, ajudar na recuperação de dependentes. O fundamental, porém, é o amor da família e dos amigos – o que não é nada fácil nessa sociedade consumista, individualista, na qual o "drogado" representa uma ameaça e um estorvo.

A religião, adotada em algumas comunidades terapêuticas, pode favorecer a recuperação, desde que infunda no dependente um novo sentido à sua vida. Eis, aliás, o que evitou que a minha geração, aquela que tinha 20 anos na década de 1960, entrasse de cabeça nas drogas: éramos viciados em utopia. Nossa "viagem" consistia em derrubar a ditadura e mudar o mundo.

Na questão das drogas há que distinguir segurança pública de saúde pública. Sou favorável à descriminalização dos usuários e penalização dos traficantes. Os usuários só deveriam ser afastados do convívio social se representarem ameaça à sociedade. Nesse caso, precisariam ser encaminhados a tratamento, e não a encarceramento.

A religião nos mergulha no universo onírico, pois nos faz emergir da realidade objetiva e nos introduz na esfera do transcendente, imprimindo sacralidade à nossa existência. Mais do que um catálogo de crenças, ela nos permite experimentar Deus. Daí a etimologia, nos re-liga com Aquele que nos criou e nos ama, e no qual haveremos de desembocar ao atingir o limite da vida.

Ocorre que, graças ao neoliberalismo e seu nefasto "fim da história" – uma grave ofensa à esperança –, e às novas tecnologias eletrônicas, às quais transferimos o universo onírico, já quase não temos utopias libertárias nem o idealismo altruísta de um mundo melhor. Queremos melhorar a nossa vida, a de nossa família, não a do país e da humanidade.

Esse buraco no peito abre, nos jovens, o apetite às drogas. Todo "drogado" é um místico em potencial, alguém que descobriu o que deveria ser óbvio a todos: a felicidade está dentro, e não fora da gente. O equívoco é buscá-la pela porta do absurdo e não a do Absoluto.

Um pouco mais de espiritualidade cultivada nas famílias, sobretudo em crianças e jovens, e não teríamos tanta vulnerabilidade à sedução das drogas.

Enfim, incenso faz bem à alma.

* * *

Deus é *gay*?

Nunca antes na história da Igreja um papa ousou, como Francisco, colocar a questão da sexualidade no centro do debate eclesial: homossexualidade, casais recasados, uso de preservativo etc. O Sínodo da Família, reunido no Vaticano em 2014, só deu sua palavra final em outubro de 2015, quando voltou a se reunir. Mas nem todos os temas mereceram resposta.

Quem, como eu, transita há décadas na esfera eclesiástica, sabe que é significativo o número de *gays* entre seminaristas, padres e bispos. Por que não gozarem, no seio da Igreja, do mesmo direito dos heterossexuais de se assumirem como tal? Devem permanecer "no armário", vitimizados pela Igreja e, supostamente, por Deus, por uma culpa que não têm?

É preciso reler o Evangelho pela ótica dos *gays*, como já se faz pela ótica feminista, já que a presença de Jesus entre nós foi lida pelas óticas aramaica (Marcos); judaica (Mateus); pagã (Lucas); gnóstica (João); platônica (Agostinho) e aristotélica (Tomás de Aquino).

A unidade na diversidade é uma característica da Igreja. Basta lembrar que são quatro os evangelhos, e não um só: quatro enfoques distintos sobre o mesmo Jesus.

Até a década de 1960, predominava no Ocidente uma única ótica teológica: a europeia, tida como "a teologia". O surgimento da Teologia da Libertação, com a leitura da Palavra de Deus pela ótica dos pobres, causa ainda incômodo àqueles que consideram a eurocentrada como universalmente ortodoxa.

Diante dos escândalos de pedofilia, dos 100 mil padres que abandonaram o sacerdócio por amor a mulheres, e da violência física e simbólica aos *gays*, Francisco ousa se erguer contra o cinismo dos que se arvoram em "atirar a primeira pedra".

Como Jesus, a Igreja não pode discriminar ninguém em razão de orientação sexual, cor da pele ou condição social. O que está em jogo é a dignidade da pessoa humana, o direito de casais *gays* serem protegidos pela lei civil e educarem seus filhos na fé cristã, o combate e a criminalização da homofobia, um grave pecado.

A Igreja não pode continuar cúmplice e, por isso, acaba de superar oficialmente a postura de considerar a homossexualidade um "desvio" e "intrinsecamente desordenada".

A dificuldade de a Igreja Católica aceitar a plena cidadania LGTB se deve à sua tradição bimilenar judaico-cristã, que é heteronormativa. Por isso, os conservadores reagem como se o papa traísse a Igreja, a exemplo do que fizeram no passado, quando se recusaram a aceitar a separação entre Igreja e Estado; a autonomia das ciências; a liberdade de consciência; as relações sexuais, sem fins procriativos, dentro do matrimônio; a liturgia em língua vernácula etc.

Deus é *gay*? "Deus é amor", diz a *Primeira Carta* do apóstolo João, e acrescenta "o amor é de Deus e todo aquele que ama nasceu de Deus e conhece a Deus". E se somos capazes de nos amar uns aos outros "Deus permanece em nós".

Por ser a presença de Deus entre nós, Jesus transitou, sem discriminação, entre o mundo dos "pecadores" e dos "virtuosos". Não apedrejou a adúltera; não fugiu da prostituta que lhe enxugou os pés com os próprios cabelos; não negou a Madalena, que tinha "sete demônios", a graça especial de ser a primeira testemunha de sua ressurreição.

Jesus também não se recusou a dialogar com os "virtuosos" – aceitou jantar na casa do fariseu; acolheu Nicodemos na calada da noite; dialogou sobre o amor samaritano com o doutor da lei; propôs ao rico que, "desde jovem", abraçava todos os mandamentos, a fazer opção pelos pobres.

Sobretudo, Jesus ensinou que não é escalando a montanha das virtudes morais que alcançamos o amor de Deus. Esta a proposta dos fariseus e a rota de Sísifo. É nos entregando ao amor de Deus, gratuito e misericordioso, que logramos fidelidade à sua Palavra.

Fé, confiança e fidelidade são palavras irmãs. Têm a mesma raiz. E a vida ensina que João é fiel à Maria e vice-versa, não porque temem o pecado do adultério, e sim porque vivem em relação amorosa tão intensa que nem cogitam a menor infidelidade.

* * *

Cartografia do corpo

O corpo humano é uma redescoberta recente. Em culturas que precedem o século XX, o corpo era camuflado pela roupa, o moralismo e a religião. Exceções feitas às culturas indígenas, que ainda hoje imprimem respeitosa visibilidade ao corpo. E também à cultura greco-romana, isenta de moralismo antes do advento do cristianismo, como o descreve Marguerite Yourcenar no romance "Memórias de Adriano".

A tradição bíblica não separava corpo e espírito. A cultura ocidental, marcada pela filosofia de Platão, cinde o ser humano em dois polos antagônicos. Corpo e espírito são inimigos. E há que escolher um. Os devassos escolhem o corpo, destinado às chamas do inferno. Os santos, o espírito, elevado aos céus...

Freud e a física quântica são contemporâneos. Ensinaram-nos que não há corpo como mero receptáculo da alma. Tudo está intrinsecamente ligado. Somos todos uma montanha de átomos, base de nossas células, nos quais há mais espaços vazios que substância material. Nossa "alma" está tanto na unha cortada quanto no fio de cabelo.

O século XX desnudou o corpo, embora desde o Renascimento ele tenha sido exaltado, como exemplifica a pintura de Michelangelo, "A criação de Adão", no teto da Capela Sistina.

Agora, apropriado pelo capitalismo, o corpo é mercadoria submetida à ditatorial cartografia. Sofre quem não tem o corpo adequado a esta cartografia exposta em capas de revistas, na publicidade ("Vai verão..."), em filmes, fotos e novelas.

Uma poderosa indústria, que se estende de academias de ginástica a medicamentos e dietas miraculosos, fomenta a visibilidade do corpo ideal e penaliza os corpos que não se enquadram no modelo padrão.

Não se trata apenas de uma estética imposta a ferro e fogo, e que induz à depressão quem dela destoa. Trata-se também de uma inversão de Platão. Agora o corpo se salva, e o espírito desce aos infernos. Entre ser burra ou loura, a opção é óbvia.

Quem dera nossas cidades tivessem tantas livrarias e bibliotecas quanto academias de ginástica! Essa exacerbação física aprofunda a cisão entre espírito e corpo. O desempenho sexual torna-se mais importante que a densidade amorosa. A velhice assumida é socialmente execrada. O excesso de peso, ridicularizado.

O corpo, apropriado pelo sistema, já não nos pertence. O mercado determina qual o corpo socialmente apreciado e qual o excluído do mercado e, portanto, condenado ao banimento e à tortura psicológica.

Já não somos o nosso corpo. Somos a encarnação do corpo sacramentado pelo sistema, impelidos a jejuar, malhar bastante, submeter-nos à cirurgia plástica. Nada de nos apresentar sem o corpo-senha que abre as portas do mundo encantado da jovial esbelteza, no qual nossa cartografia física deve suscitar admiração e inveja.

Convém manter a boca fechada, não apenas para evitar engordar. Também para que não descubram que somos desnutridos de ideais, valores e espiritualidade. Estamos condenados a ser apenas um pedaço de carne ambulante.

* * *

Sacralidade do ser humano

Nem todos devem ser políticos profissionais. É preciso vocação e, de preferência, decência também. Mas em qualquer atividade que se exerça, faz-se política, toma-se posição nesse mundo desigual.

Cada um de nós é chamado a se posicionar. Não existe neutralidade. Em tudo que fazemos contribuímos para manter ou transformar a realidade; dominar ou mudar; oprimir ou libertar.

Quando me perguntam por que me envolvo em política, por via pastoral ou de movimentos sociais (nunca me filiei a partido político), respondo: porque sou discípulo de um prisioneiro político. Que eu saiba, Jesus não morreu nem de hepatite na cama, nem de desastre de camelo em uma rua de Jerusalém. Morreu como muitas vítimas da ditadura militar brasileira – preso, torturado, julgado por dois poderes políticos e condenado à pena de morte dos romanos, a cruz.

A pergunta é outra: por que Jesus foi condenado, se era tão espiritual e santo? Que tipo de fé temos hoje, nós cristãos, que não questiona essa desordem estabelecida que produz aberrações como o assassinato de crianças por balas "perdidas"? Jesus foi condenado por apregoar ser preciso buscar um *outro mundo possível*.

Dentro do reino de César, Jesus anunciava o Reino de Deus! A Igreja deslocou-o para a vida após a morte. Mas, para ele, o Reino de Deus fica no futuro histórico. Tanto que oramos "Venha a nós o vosso Reino", e não "Leve-nos ao vosso Reino". Anunciar outro reino dentro do reino de César era alta subversão.

Jesus não veio fundar uma Igreja ou uma religião. Veio nos trazer as sementes de um novo projeto civilizatório, baseado na justiça e no amor. Basta ler as *Bem-aventuranças* e *O sermão da montanha* – um mundo de partilha dos bens da Terra e dos frutos do trabalho humano.

É interessante observar que, nos quatro evangelhos, a expressão Reino de Deus aparece, na boca de Jesus, 122 vezes. E a palavra Igreja apenas duas vezes, assim mesmo em um único Evangelho, o de Mateus.

A Igreja é a comunidade dos discípulos de Jesus. E deveria ser, como ele foi, semente do novo projeto civilizatório, isenta de fundamentalismo religioso. É bom lembrar que Jesus curou o servo do centurião, que era pagão, e a mulher cananeia, que não era judia e pertencia a um povo politeísta.

Disse a cada um deles: "A tua fé te salvou". Um fundamentalista diria: "Primeiro, acredite no que prego. Depois, se torne meu seguidor e, então, lhe farei o bem".

Em nossa sociedade são merecedores de direitos aqueles que gozam de certo padrão de vida. Para Jesus, ao contrário, a pessoa pode ser cega, coxa, hanseniana, excluída. Ela é templo vivo de Deus! Eis a radical defesa dos direitos humanos.

O simples fato de uma pessoa existir já a torna dotada de ontológica sacralidade. Isso é extremamente radical. O marxismo europeu, por exemplo, graças ao qual a modernidade avançou em termos de inclusão social, nunca defendeu os direitos indígenas, como fez o marxista peruano Mariátegui. Até entendemos a razão, pois foi criado na Europa. Mas também nunca defendeu o protagonismo dos moradores de rua, chamado lumpemproletariado. Ou seja, eles seriam os beneficiários de um futuro projeto socialista ou comunista, mas não protagonistas. Para Jesus, todos são chamados a serem protagonistas.

Portanto, abraçar os direitos humanos é aceitar que cada pessoa é dotada de radical dignidade. Em linguagem teológica, sacralidade.

À luz dos direitos humanos há que indagar: o que nossos políticos propõem é para aumentar o lucro de uma minoria ou defender os direitos de todos? É para favorecer um pequeno segmento ou para que toda a nação seja beneficiada?

Não sejamos ingênuos. Direitos humanos são incompatíveis com um sistema que defende, como principal direito, a acumulação privada da riqueza.

* * *

Espiritualidade no mundo desigual

Ao tratar de espiritualidade, convém percorrer a via que vai do mais íntimo ao mais genérico – como a sociedade se organiza para assegurar vida à população. Tanto a subjetividade quanto a política são dois polos desta mesma equação chamada vida. Esta brota na sexualidade e se viabiliza, como possibilidade, nas estruturas sociais, produtivas, comerciais, ou seja, nos atos políticos.

Certa tradição atrelou a espiritualidade à moralidade e, assim, confundiu e dificultou as coisas. Por exemplo, a ideia de um Deus distante, que habita o cume da montanha. Devemos escalá-la, levando às costas as pedras das virtudes morais. No meio da subida, pecamos, a pedra rola, e nos obriga ao eterno recomeço, como no mito de Sísifo.

Deus não está "lá em cima". O príncipe de Florença perguntou a Galileu se ele havia visto Deus através de seu telescópio. Diante da resposta negativa, retrucou: "Como devo acreditar em seu invento se não vê Aquele que habita os céus?" Galileu respondeu: "Se Deus não se encontra em cada um de nós, Ele não se encontra em lugar nenhum".

Na espiritualidade evangélica não há montanhas a escalar, nem atestado de boa moral para se aproximar de Deus. Há Deus, que é Pai/Mãe amoroso, e nos ama incondicionalmente, não importa o que façamos, desde que abramos o coração a seu amor, como comprova a parábola do filho pródigo (*Lucas* 15,11-32) e o encontro de Jesus com a samaritana (*João* 4,1-42).

Há lei para tudo, menos para o amor, li na traseira de um caminhão na Via Dutra. O árabe que obriga a filha a casar com o vizinho é capaz de impor a sua vontade, mas não que ela ame o marido. A liberdade é a condição do amor. Em nossa liberdade podemos acolher ou não o amor de Deus. Ele, porém, sempre nos ama, pois amar é da essência mesma de seu ser.

Na parábola do filho pródigo, o moço comportado, que ficou em casa trabalhando com o pai, não teve festa. O outro, que saiu de casa e dilapidou a herança com farras, foi recebido com festa sem ter que se desculpar. Bastou o pai vê-lo retornar para preparar a festa de acolhida. "Deus foi quem amou primeiro", diz João (1 *João* 4,10). A iniciativa do amor é de Deus.

O eixo da espiritualidade de Jesus era a experiência do amor de Deus e o compromisso com os oprimidos. Em um mundo como o nosso, regido pela globocolonização ou, como prefere o professor Milton Santos, globototalitarismo neoliberal, que promove o desemprego e a exclusão social de bilhões de pessoas, a espiritualidade cristã deve manter-se atenta ao episódio do encontro de Jesus com o homem rico (*Marcos* 10,17-22). Este indaga o que fazer para ganhar a vida eterna. Jesus responde: "Você conhece os mandamentos" e recita-os. Curioso que Jesus só cita os mandamentos que dizem respeito ao próximo, e nenhum que diz respeito a Deus. O homem confirma que, desde pequeno, cumpre todos.

Marcos então sublinha que "Jesus o amou" para, em seguida, recomendar ao homem: "Vai, vende os teus bens, distribui aos pobres e, depois, vem e me segue". Diz o Evangelho que "o homem foi embora triste e aborrecido porque era muito rico".

O curioso é que, tendo-o amado, Jesus foi exigente com ele. Eis o conceito de amor de Jesus: quem ama é verdadeiro com o outro, ainda que a verdade doa. Quem não é verdadeiro consigo mesmo e com o outro, não ama. Amar é fazer bem ao outro, ainda que ele receba isso como um mal, como o opressor indignado por lhe privarem dos meios de oprimir. Jesus, ao amar, levava as pessoas a encontrarem a verdade, mesmo que isso criasse nelas antipatia por ele, como foi o caso dos fariseus.

Ao homem rico, Jesus demonstrou que não se pode acercar-se de Deus sem assumir a luta por justiça. A exigência, que tanto frustrou a expectativa do abastado, era simples: dê o seu bem maior à causa de libertação dos pobres. De fato, em uma sociedade desigual como a nossa, tudo que fazemos favorece um dos polos, o da opressão ou o dos oprimidos. Nossa balança pende para o lado escolhido por Jesus?

Religião e espiritualidade

A espiritualidade, como a sexualidade, é uma dimensão constitutiva do ser humano. Essa potencialidade neurobiológica pode ou não ser cultivada. Uma pessoa desprovida de espiritualidade prescinde da percepção da *profundência* de sua subjetividade. Nela os desejos prevalecem sobre os ideais.

Se Sócrates e Descartes nos despertaram para a inteligência racional; Colleman, para a emocional; foi a física e filósofa Danah Zohar que chamou a atenção para a inteligência espiritual. Maria Corbi sugere que a espiritualidade se resume em IDS: Interesse; Desapego (de si e dos bens finitos); Silenciamento (concentrar-se para descentrar-se no Outro e nos outros).

À primeira vista, espiritualidade opõe-se a materialidade. E o espírito ao corpo. Esse dualismo platônico está superado, tanto pela ciência quanto pela teologia. Somos todos e tudo uma Unidade. Os mesmos átomos encontrados em nosso corpo são os "tijolos" que edificam o conjunto do Universo.

A espiritualidade prescinde das religiões, pode ser vivida sem elas, e há religiões desprovidas de espiritualidade, asfixiadas pelo peso do doutrinarismo autoritário. Sócrates (470 a.C.-399 a.C.) e Sêneca (4 a.C.-65 d.C.) eram homens profundamente espiritualizados, "santos pagãos", embora destituídos de religião.

As religiões surgiram no período neolítico, quando o ser humano, até então nômade e coletor, fixou-se na atividade agrícola, tornando-se sedentário. Seu ponto axial foi o século VII a.C. Nele nasceram e/ou viveram Buda (600), Lao-Tsé (604) Zaratustra (660) e os profetas Jeremias e Daniel.

A religião, como instituição, surgiu naquela época. Antes, predominava a cosmovisão tribal, comunitária, voltada a aplacar a ira dos deuses e obter proteção diante das catástrofes naturais, sem individuação do sujeito frente à divindade. Só a partir do século VII a.C o ser humano passa a ter consciência de sua relação pessoal com Deus.

A religião se impõe como forma de controle da sociedade agropastoril e seus grandes relatos disciplinam o caos ético e, ao mesmo tempo, interioriza o poder da autoridade.

Hoje, o que está em crise não é a espiritualidade. São as formas tradicionais de religião. Nesse mundo secularizado, desencantado, os valores são substituídos pelas ciências; o ser pelo ter; o ideal pelo desejo; o altruísmo pelo consumismo. Assim, a religião reflui para a vida privada e os locais de culto. E deixa de influir na vida social.

No interior das próprias Igrejas cria-se a dicotomia: fiéis se distanciam da doutrina e da moral oficiais, como é o caso do uso de preservativos por católicos. Como nas relações de trabalho, ocorre uma flexibilização institucional da crença. Ela se constitui num amálgama de propostas, formando um mosaico esotérico.

A crise da Cristandade, no Renascimento, não significou a crise do cristianismo. Da mesma forma, a crise das religiões não pode ser confundida com a da espiritualidade. Agora nos deparamos com uma espiritualidade pós-axial, laica, pós-religiosa, centrada na autonomia do indivíduo.

O que caracteriza essa espiritualidade pós-moderna é, de um lado, a busca, não do outro, mas de si, da tranquilidade espiritual, da paz do coração. Nesse sentido, trata-se de uma espiritualidade egocêntrica, centrada no próprio ego, mera autoajuda. De outro, há uma espiritualidade evangélica, política, voltada à promoção da justiça e da paz, comprometida com a ética e a proteção do meio ambiente.

Vale retomar o esquema Corbi: hoje, uma espiritualidade evangélica deve ter clareza de seus objetivos. Apenas o meu próprio bem-estar subjetivo ou também uma sociedade fundada na justiça? Deve propiciar o desapego aos bens finitos, como mercadorias, poder, dinheiro, fama, de modo a favorecer o cultivo dos bens infinitos: amizade, solidariedade, compaixão. E, sobretudo, fundar-se no silenciamento, na abertura dialógica, orante, a Deus; na atitude servidora aos outros; na reverência devocional à natureza.

* * *

Amor e êxtase

A encíclica *Deus é amor*, a primeira do papa Bento XVI, surpreende positivamente em muitos aspectos, malgrado a linguagem requintada, de difícil comunicação com o público jovem. Bento XVI rompe a retórica majestática, tão ao gosto de papas e cardeais, para falar na primeira pessoa: "na minha primeira encíclica desejo falar do amor". E o faz recorrendo não só a autores cristãos, mas também a clássicos pagãos e outros que tiveram suas obras proibidas pela Igreja: Platão, Aristóteles, Virgílio, Gassendi, Descartes e Nietzsche.

O papado pronuncia-se com novo sotaque. Nada de condenações, escrúpulos, moralismos. O amor é encarado em sua dimensão totalizante, de inter-relação com Deus, o próximo, a coletividade. Não se retrai o autor frente a arroubos poéticos, superando dualismos entranhados na tradição eclesiástica: "o amor entre o homem e a mulher, no qual concorrem indivisivelmente corpo e alma, e se abre ao ser humano uma promessa de felicidade que parece irresistível, sobressai como arquétipo de amor por excelência, de tal modo que, comparados com ele, à primeira vista todos os demais tipos de amor se ofuscam". E exalta as "arrojadas imagens eróticas" dos profetas Oseias e Ezequiel, bem como do *Cântico dos Cânticos*.

Ao criticar a visão platônica, tão frequente na tradição da Igreja, o papa faz mea-culpa: "Hoje não é raro ouvir censurar o cristianismo do passado por ter sido adversário da corporeidade; a realidade é que sempre houve tendências neste sentido". E sublinha: "nem o espírito ama sozinho, nem o corpo: é o homem, a pessoa, que ama como criatura unitária, de que fazem parte o corpo e a alma. Somente quando ambos se fundem verdadeiramente numa unidade, é que o homem se torna plenamente ele próprio. Só deste modo é que o amor – o eros – pode amadurecer até a sua verdadeira grandeza".

Bento XVI evoca a didática grega para traduzir as dimensões do amor: o eros, a atração arrebatadora que subjuga a razão; a philia, o amor entre amigos; e o ágape, o cuidado do outro, o sacrifício de si a abertura ao transcendente. Este último plenifica o amor e instaura não "a imersão no inebriamento da felicidade", mas o bem do amado. "Sim, o amor é 'êxtase'; êxtase, não no sentido de um instante de inebriamento, mas como caminho, como êxodo permanente do eu fechado em si mesmo para a sua libertação no dom de si e, precisamente dessa forma, para o reencontro de si mesmo, mais ainda para a descoberta de Deus."

Bento XVI poderia incluir uma quarta dimensão, a mais aviltante: pornô, o prazer de um resultando da degradação do outro.

O pontífice recusa a antinomia entre eros e ágape: "Se se quisesse levar ao extremo esta antítese, a essência do Cristianismo terminaria desarticulada das relações básicas e vitais da existência humana e constituiria um mundo independente, considerado talvez admirável, mas decididamente separado do conjunto da existência humana". E enfatiza: "no fundo, o 'amor' é uma única realidade, embora com distintas dimensões; caso a caso, pode uma ou outra dimensão sobressair mais. Mas, quando as duas dimensões se separam completamente uma da outra, surge uma caricatura ou, de qualquer modo, uma forma redutiva do amor".

A encíclica sublinha esta dimensão tão acentuada pela Teologia da Libertação: "Jesus identifica-se com os necessitados: famintos, sedentos, forasteiros, nus, enfermos, encarcerados. 'Sempre que fizestes isto a um destes meus irmãos mais pequeninos, a Mim mesmo o fizestes' (*Mateus* 25,40). Amor a Deus e amor ao próximo fundem-se num todo: no mais pequenino, encontramos o próprio Jesus e, em Jesus, encontramos Deus".

Numa definição primorosa, o papa afirma que "a natureza íntima da Igreja exprime-se num tríplice dever: anúncio da Palavra de Deus (*kerygma-martyria*), celebração dos sacramentos (*leiturgia*), serviço da caridade (*diakonia*)". Pois "a Igreja é a família de Deus no mundo. Nesta família, não deve haver ninguém que sofra por falta do necessário".

Nessa linha, o documento papal reconhece a pertinência da crítica marxista, que contém "algo de verdade": "Forçoso é admitir que os representantes da Igreja só lentamente se foram dando conta de que se colocava em moldes novos o problema da justa estrutura da sociedade". Assim, numa defesa intransigente da autonomia da política e da laicidade do Estado, Bento XVI sinaliza que, na busca da justiça, "política e fé tocam-se" e deixa claro que "não pretende conferir à Igreja poder sobre o Estado; nem quer impor, àqueles que não compartilham a fé, perspectivas e formas de comportamento que pertencem a esta".

A Igreja não pode pretender confessionalizar o mundo da política, nem este querer reduzir a religião ao âmbito da sacristia: "A Igreja não pode nem deve tomar nas suas próprias mãos a batalha política para realizar a sociedade mais justa possível. Não pode nem deve colocar-se no lugar do Estado. Mas também não pode nem deve ficar à margem da luta pela justiça". Não se faça do exercício da caridade uma tática de proselitismo: "Quem realiza a caridade em nome da Igreja, nunca procurará impor aos outros a fé da Igreja. Sabe que o amor, na sua pureza e gratuidade, é o melhor testemunho do Deus em quem acreditamos e pelo qual somos impelidos a amar".

A encíclica do amor estaria mais completa se contextualizada na atual conjuntura mundial, retomando a crítica contundente que João Paulo II fez do neoliberalismo, da invasão do Iraque, do neocolonialismo consubstanciado no escorchante endividamento dos países pobres, empecilhos à "civilização do amor" sonhada por Paulo VI.

* * *

Fogo abrasador

Para todos nós, homens e mulheres, apresenta-se sempre o desafio de um encontro mais íntimo consigo mesmo. Talvez a história do desejo possa ser resumida nessa busca constante de nos reapropriarmos de nós mesmos. Embora o desejo nos mova nessa direção, temos medo desse encontro. Pois, quanto mais nos encontramos, mais encontramos um outro que, dentro de nós, difere de nós. Isso exige mudar o que somos aqui e agora.

Santo Tomás de Aquino define esse movimento como o encontro com a pedra angular do real, a presença de Deus. Por isso experimentamos vertigem na busca de apropriar-nos de nós mesmos. Vertigem que se torna evidente no tratamento psicanalítico. Vertigem palpável nos momentos de grandes decisões de vida, como mudança de atividade profissional ou relação afetiva. Vertigem notória quando se trata de definir um novo projeto de vida.

Muitas vezes deixamos de orar porque a oração nos mergulha na interioridade. Lá no mais fundo de nossa humanidade, quando lambemos o chão do inferno – como sugere a canção *Se eu quiser falar com Deus*, de Gilberto Gil. Então encontramos a divindade.

Deus não é alguém acima de nós. Habita o nosso avesso. Quando nos viramos pelo avesso, deparamos com a presença sedutora de Deus. Sedução terrível, desafiadora, profundamente incômoda, na medida em que exige mudança radical de nossas referências e seguranças. Como diz a *Carta aos hebreus*, "Deus é um fogo abrasador" (12,29).

Jeremias vivia bem em sua terra, com a sua gente. Até que Javé o convocou para ser profeta e não gostou da experiência. O exercício do profetismo lhe tirou a tranquilidade de vida, a rotina, o expôs aos olhos dos adversários e o tornou objeto de crítica. Então, Jeremias amaldiçoou o dia em que nasceu e abandonou a missão. Porém, ao retornar à vida anterior, reconheceu ser impossível ignorar o apelo de Deus. "Seduziste-me, Senhor, e eu me deixei seduzir" (20,7). Encontrava-se irremediavelmente tomado pela paixão divina.

Há experiências humanas que levam ao encontro consigo mesmo. Experiências imprevistas, desafiadoras, como o sofrimento. Não só o sofrimento advindo de uma doença. Refiro-me às pequenas mortes no cotidiano. Aquilo que se perde e traz desarmonia, ferimento e abandono.

Na vida, não se guarda culpa por transgressão, e sim por omissão. Querer ser vitorioso sempre é confundir o tamanho da gula com o do estômago. A existência fica mal digerida. No centro do coração, o buraco alarga-se e, como é também fundo, não se consegue ver nele senão uma sombra escura.

A sabedoria religiosa dos antigos do Oriente, passando pelas tradições do Oriente Médio até a sabedoria indígena da América Latina e do Caribe, descobriu que para lidar com o sofrimento é preciso harmonia com a natureza e o próximo. Todas as grandes escolas de espiritualidade encontraram um método para lidar com a vida, incluindo o sofrimento, de modo a enfrentá-lo sem que se perca a felicidade ou se rompa a integridade subjetiva. Ao imprimir à existência um novo sentido, a espiritualidade faz com que o sofrimento seja de tal forma reduzido que, de dor, se transfigura em fator de crescimento. E dilata o coração para o amor.

A mística nos faz apreender a vida pelos olhos de Deus. Nessa ótica, o que normalmente é encarado como sofrimento passa a ser encarado como parte do conflito inerente a todos os seres vivos.

Jesus, presença divina na história humana, encarnou-se num momento histórico e em um lugar geográfico altamente conflitivos. Na Palestina do século I, sob jugo do imperialismo romano, Jesus se inseriu nas camadas populares oprimidas. Através daquela conflituosidade, nos revelou o rosto de Deus.

Em Jesus, a divindade não nos é revelada pela negação ou fuga do conflito, mas pelo modo como se assume o conflito, buscando suas causas, sendo intransigente com os seus responsáveis, e misericordioso com suas vítimas.

O olho de Jesus não se fixava no que era tido como puro ou impuro, e sim no que trazia vida ou morte.

* * *

O Deus no qual creio

Creio no Deus desaprisionado do Vaticano e de todas a religiões existentes e por existir. Deus que precede todos os batismos, pré-existe aos sacramentos e desborda de todas as doutrinas religiosas. Livre dos teólogos, derrama-se graciosamente no coração de todos, crentes e ateus, bons e maus, dos que se julgam salvos e dos que se creem filhos da perdição, e dos que são indiferentes aos abismos misteriosos da pós-morte.

Creio no Deus que não tem religião, criador do Universo, doador da vida e da fé, presente em plenitude na natureza e nos seres humanos. Deus ourives em cada ínfimo elo das partículas elementares, da requintada arquitetura do cérebro humano ao sofisticado entrelaçamento do trio de *quarks*.

Creio no Deus que se faz sacramento em tudo que aproxima, atrai, enlaça, abraça e une – o amor. Todo amor é Deus e Deus é o real. Em se tratando de Deus, bem diz Rumî, não é o sedento que busca a água, é a água que busca o sedento. Basta manifestar sede e a água jorra.

Creio no Deus que se faz refração na história humana e resgata as vítimas de todo poder capaz de fazer o outro sofrer. Creio em teofanias permanentes e no espelho da alma que me faz ver um Outro que não sou eu. Creio no Deus que, como o calor do sol, sinto na pele sem, no entanto, conseguir fitar ou agarrar o astro que me aquece.

Creio no Deus da fé de Jesus, Deus que se aninha no ventre vazio da mendiga e se deita na rede para descansar dos desmandos do mundo. Deus da Arca de Noé, dos cavalos de fogo de

Elias, da baleia de Jonas. Deus que extrapola a nossa fé, discorda de nossos juízos e ri de nossas pretensões; enfada-se com nossos sermões moralistas e diverte-se quando o nosso destempero profere blasfêmias.

Creio no Deus que, na minha infância, plantou uma jabuticabeira em cada estrela e, na juventude, enciumou-se quando me viu beijar a primeira namorada. Deus festeiro e seresteiro, que criou a lua para enfeitar as noites de deleite e as auroras para emoldurar a sinfonia passarinha dos amanheceres.

Creio no Deus dos maníacos depressivos, das obsessões psicóticas, da esquizofrenia alucinada. Deus da arte que desnuda o real e faz a beleza resplandecer prenhe de densidade espiritual. Deus bailarino que, na ponta dos pés, entra em silêncio no palco do coração e, soada a música, arrebata-nos à saciedade.

Creio no Deus do estupor de Maria, da trilha laboral das formigas e do bocejo sideral dos buracos negros. Deus despojado, montado num jumento, sem pedra onde recostar a cabeça, aterrorizado pela própria fraqueza.

Creio no Deus que se esconde no avesso da razão ateia, observa o empenho dos cientistas em decifrar-lhe os jogos, encanta-se com a liturgia amorosa de corpos excretando sumos a embriagar espíritos.

Creio no Deus intangível ao ódio mais cruel, às diatribes explosivas, ao hediondo coração daqueles que se nutrem com a morte alheia. Misericordioso, Deus se agacha à nossa pequenez, suplica por um cafuné e pede colo, exausto frente à profusão de estultices humanas.

Creio sobretudo que Deus crê em mim, em cada um de nós, em todos os seres gerados pelo mistério abissal de três pessoas enlaçadas pelo amor e cuja suficiência desbordou nessa Criação sustentada, em todo o seu esplendor, pelo frágil fio de nosso ato de fé.

O Senhor da minha fé

Não creio no deus dos magistrados nem no deus dos generais ou das orações patrióticas.

Não creio no deus dos hinos fúnebres nem no deus das salas de audiência ou dos prólogos das constituições e dos epílogos dos discursos eloquentes.

Não creio no deus da sorte da riqueza ostentatória nem no deus do medo dos opulentos ou da alegria dos que roubam o povo.

Não creio no deus da paz mentirosa nem no deus da justiça impopular ou das venerandas tradições nacionais.

Não creio no deus dos sermões vazios nem no deus das saudações protocolares ou dos matrimônios sem amor.

Não creio no deus construído à imagem e semelhança dos poderosos, nem no deus inventado para sedativo das misérias e sofrimentos dos pobres.

Não creio no deus que dorme nas paredes ou se esconde no cofre das igrejas.

Não creio no deus dos natais comerciais nem no deus das propagandas coloridas. Não creio nesse deus feito de mentiras tão frágeis como o barro, nem no deus da ordem estabelecida sobre a desordem consentida.

O Deus da minha fé nasceu numa gruta.

Era judeu, foi perseguido por um rei estrangeiro e caminhava errante pela Palestina. Fazia-se acompanhar por gente do povo, dava pão aos que tinham fome; luz aos que viviam nas trevas; liberdade aos que jaziam acorrentados; paz aos que suplicavam por justiça.

O Deus da minha fé punha o homem acima da lei e o amor no lugar das velhas tradições. Não tinha uma pedra onde recostar a cabeça e confundia-se entre os pobres. Só conheceu os doutores quando estes duvidaram de sua palavra. Esteve com juízes, que procuravam condená-lo. Foi visto entre a polícia, preso. Pisou o palácio do governador para ser chicoteado.

O Deus da minha fé trazia uma coroa de espinhos. Vestia uma túnica toda tecida de sangue. Dispôs de batedores que lhe abriram o caminho do Calvário, onde morreu entre ladrões, dependurado na cruz.

O Deus da minha fé não é outro senão o filho de Maria, Jesus de Nazaré.

Todos os dias Ele morre crucificado pelo nosso egoísmo.

Todos os dias Ele ressuscita pela força do nosso amor.

(Credo escrito quando o autor se encontrava na prisão, como prisioneiro político da ditadura militar brasileira, entre 1969 – 1973)

* * *

O inferno existe?

Em tempos de intolerância religiosa tocar em determinados temas causa polêmica. É o que suscita o teólogo estadunidense David Bentley Hart, da Igreja Ortodoxa, autor de "That all shall be saved" ("Sejam todos salvos"), no qual defende que do outro lado da vida não existe castigo eterno. Deus, em seu amor misericordioso, dará a todos os pecadores anistia ampla, geral e irrestrita. Quanto às passagens bíblicas que falam sobre a punição que os maus sofrerão, Hart afirma se tratar de abordagem metafórica.

Esta tese traz incômodo aos cristãos fundamentalistas que, em nome de Jesus, condenam às profundezas do inferno todos aqueles que não concordam com as suas ideias. Nem sequer se dão conta de que, ao fazê-lo, se inflam de tamanha arrogância a ponto de pretenderem se colocar no lugar de Deus.

Incomoda também os que necessitam evocar continuamente o demônio para incutir nos fiéis a mais sutil e eficiente arma de sujeição – o medo. Se não há inferno, não há demônios, excetos esses que, aqui neste mundo, infernizam os que não rezam por sua cartilha ao atirar bombas onde há liberdade de expressão, incendiar terreiros de candomblé, chutar imagens católicas e tomar em vão o Santo Nome de Deus para fazer politicagem.

A crença de que após esta vida haveria para alguns um lugar de padecimento aparece também nas tradições religiosas hindu, babilônica, egípcia, germânica, finlandesa e japonesa. No Primeiro Testamento, aquele lugar é chamado de sheol, "região dos mortos". Na mitologia grega, essa região é governada por Hades que, fascinado pela lira de Orfeu, permitiu que ele resgatasse Eurídice do mundo inferior.

Até a primitiva Idade Média, "mundo inferior" significava reino de todos os mortos. Só a partir da escolástica, no século XIII, o território dos mortos foi repartido em céu, purgatório e inferno. E ainda um quarto lugar, o limbo, para os que morreram sem o batismo. Mas o limbo foi extinto pelo papa Bento XVI.

O Credo católico professava, em minha infância, que Jesus, ao terceiro dia, "desceu aos infernos". O Concílio Vaticano II modificou a fórmula para "desceu à mansão dos mortos".

Mera adaptação linguística? De fato, houve mudança de significado. Agora o Credo não frisa que Jesus teria ido ao inferno, lugar no qual pecadores padeceriam eternamente, e sim que morreu de fato, saiu desta vida para o território dos mortos e, de lá, ressuscitou.

Outra explicação teológica é que Jesus, antes de ressuscitar, teria ido "à mansão dos mortos" para fechá-la, de modo que todos que ali se encontravam passassem a desfrutar, por toda a eternidade, o amor infinito de Deus.

No Novo Testamento, só na *Primeira Carta de Pedro* (3,18-20) se diz que, após a ressurreição, Cristo "proclamou vitória inclusive aos espíritos encarcerados que antigamente foram rebeldes".

Hart critica teólogos defensores do inferno eterno, como Agostinho (354-430), Tomás de Aquino (1225-1274) e o reformador protestante João Calvino (1509-1564), e resgata teologias, como as de Basílio de Cesareia (330-379), Gregório de Nissa (335-395) e Isaac de Nínive (613-700), que defendem a ideia de reconciliação universal com Deus.

Dostoievski, em *Os irmãos Karamazov*, define o inferno como "o sofrimento de não poder mais amar". O que é bem retratado nesta parábola chinesa: havia milhares de pessoas famintas em torno de uma montanha de arroz fumegante. Todos traziam em mãos palitos de bambu de um metro de extensão. Tinham fome, tinham os talheres, mas não conseguiam trazer o alimento à boca. Isso é o inferno.

Havia milhares de chineses famintos em volta de uma montanha de arroz fumegante. Todos traziam em mãos palitos de bambu de um metro de extensão. Tinham fome, tinham os talheres, e um levava o alimento à boca do outro. Isso é o céu.

* * *

A chaminé do Vaticano

Nada mais bucólico que a simples chaminé que, singela, brota do telhado da Capela Sistina. Representa um paradoxo frente a toda essa parafernália eletrônica da avançada tecnologia do mundo atual.

Em nossos dias, todos os artefatos de comunicação – rádio, TV, telefone, tablets, computador – se tornam obsoletos e descartáveis em curto período de tempo. Exceto a chaminé do Vaticano. Permanece em seu lugar como sentinela perene à espera de que os cardeais se reúnam para eleger um novo papa. Então ela, literalmente, renasce das cinzas.

Nesse mundo em que as notícias são transmitidas em tempo real e as distâncias rapidamente encurtadas, a chaminé do Vaticano perdura como o mais inusitado sinalizador de uma importante notícia: a votação para a escolha do chefe da mais antiga e estável instituição da história do Ocidente, a Igreja Católica.

Se o pontificado durar 26 anos, como o de João Paulo II, a chaminé permanece inativa, quase imperceptível pelos milhões de fiéis que anualmente visitam a Praça de São Pedro. Em 1978, foi aquecida duas vezes: na eleição de João Paulo I, em agosto, e na eleição de João Paulo II, em outubro.

Pela chaminé do Vaticano o resultado da votação do conclave é transmitido ao mundo sem som e alarde. Apenas um pouco de fumaça. Se preta, sinal de que nenhum dos cardeais obteve 2/3 dos votos para ser escolhido pontífice. Se branca, sinal de que um novo papa foi eleito.

Nesse universo de múltiplos recursos de comunicação – até nas hastes dos óculos! – é difícil encontrar um paralelo para a chaminé do Vaticano. A eleição de um novo pontífice não é anunciada pelo porta-voz do Vaticano nem por um cardeal da Cúria Romana. Não sai em manchete na primeira página do *L' Osservatore Romano* nem em edição extraordinária na Rádio Vaticano.

Semelhante à comunicação indígena, é anunciada pela simplória fumaça logo diluída da atmosfera. Sua cor resulta da queima de cédulas de votação mescladas a um produto químico que garante o branco que simboliza a paz, a mesma cor das vestes pontifícias e da pomba que, na arca de Noé, anunciou o fim do dilúvio universal.

* * *

Papa valoriza protagonismo dos movimentos populares

Na Igreja Católica, os papas sempre mantiveram uma atitude paternalista diante dos movimentos populares. E reverente frente ao patronato. Tal atitude foi quebrada pelo papa Francisco, que teve a ousadia de convocar três encontros mundiais de representantes de movimentos populares.

O primeiro ocorreu em Roma, em outubro de 2014. Francisco acolheu no Vaticano dirigentes de movimentos populares de vários países, entre os quais o Brasil. Disse ao recebê-los: "Os pobres não só padecem a injustiça, mas também lutam contra ela! Não se contentam com promessas ilusórias, desculpas ou pretextos. Também não esperam de braços cruzados a ajuda de ONGs, planos assistenciais ou soluções que nunca chegam ou, se chegam, chegam de maneira que vão na direção de anestesiar ou domesticar. Isso é meio perigoso. Vocês sentem que os pobres já não esperam e querem ser protagonistas; se organizam, estudam, trabalham, reivindicam e, sobretudo, praticam essa solidariedade tão especial que existe entre os que sofrem, entre os pobres".

O assistencialismo criticado por Francisco ainda é recorrente no Brasil. E muitas vezes incentivado pela própria Igreja Católica. Contudo, a história recente de nosso país registra, nos últimos 50 anos, a emergência de movimentos populares que, na sua prática e em seus propósitos, assumiram o refrão da famosa canção de Geraldo Vandré, "quem sabe faz a hora, não espera acontecer". Os mais emblemáticos deles, atualmente, são o MST e o MTST, em suas lutas por terra e teto.

Em linguagem coloquial, Francisco frisou que solidariedade significa algo mais do que atos de generosidade esporádicos: "É pensar e agir em termos de comunidade, de prioridade de vida de todos sobre a apropriação dos bens por parte de alguns. Também é lutar contra as causas estruturais da pobreza, da desigualdade, da falta de trabalho, de terra e moradia, da negação dos direitos sociais e trabalhistas. É enfrentar os destrutivos efeitos do Império do dinheiro".

Ao destoar da retórica dos políticos que temem o protago-nismo popular, Francisco acentuou: "Não é possível abordar o escândalo da pobreza promovendo estratégias de contenção que unicamente tranquilizem e convertam os pobres em seres domes-ticados e inofensivos".

Ao lembrar que, hoje, a maioria dos seres humanos não dispõe de terra, teto e trabalho, o papa ironizou: "É estranho, mas se falo disso para alguns, significa que o papa é comunista. Não se entende que o amor pelos pobres está no centro do Evangelho. Terra, teto e trabalho – isso pelo qual vocês lutam – são direitos sagrados".

Sobre a questão fundiária, disse Francisco: "A apropriação de terras, o desmatamento, a apropriação da água, os agrotóxicos inadequados são alguns dos males que arrancam o homem da sua terra natal".

Quanto à fome, alertou: "Quando a especulação financeira condiciona o preço dos alimentos, tratando-os como qualquer mercadoria, milhões de pessoas sofrem e morrem de fome. Por outro lado, descartam-se toneladas de alimentos. Isso é um verdadeiro escândalo. [...] Sei que alguns de vocês reivindicam uma reforma agrária para solucionar alguns desses problemas, e deixem-me dizer-lhes que, em certos países, e aqui cito o *Compêndio da Doutrina Social da Igreja:* a reforma agrária é, além de uma necessidade política, uma obrigação moral".

E quanto ao teto, Francisco lançou o apelo: "Uma casa para cada família. [...] Hoje há tantas famílias sem moradia, ou porque nunca a tiveram, ou porque a perderam por diferentes motivos. Família e moradia andam de mãos dadas".

No primeiro encontro, em Roma, o papa não apenas estimulou os movimentos populares em suas lutas específicas, como enfatizou a importância de se buscar "as causas estruturais da pobreza". Ora, isso requer um mínimo de instrumental teórico que somente o marxismo oferece. Não esperemos, entretanto, que o pontífice ouse admitir isso em público. Já representa um avanço frisar a atenção que se deve dar às causas estruturais.

O segundo encontro, Bolívia

O segundo encontro do papa Francisco com representantes dos movimentos populares ocorreu em Santa Cruz de la Sierra, Bolívia, a 9 julho de 2015. Francisco declarou ao acolher os participantes: "Alegra-me vê-los de novo aqui, debatendo os melhores caminhos para superar as graves situações de injustiça que padecem os excluídos em todo o mundo". E voltou a erguer a bandeira dos três T ao enfatizar que terra, teto e trabalho "são direitos sagrados".

O que sobressai na atitude de Francisco, ao contrário de seus antecessores, é acreditar que só haverá mudanças se resultarem do protagonismo dos movimentos populares, e não da iniciativa dos ricos e poderosos. Seu interlocutor é o pobre, o excluído, o militante social, aqueles a quem ele qualifica de "poetas sociais" (Bolívia, 2015): "Que posso fazer eu, recolhedor de papelão, catador de lixo, limpador, reciclador, frente a tantos problemas, se mal ganho para comer? Que posso fazer eu, artesão, vendedor ambulante, carregador, trabalhador irregular, se não tenho sequer direitos laborais? Que posso fazer eu, camponês, indígena, pescador, que dificilmente consigo resistir à força das grandes corporações? Que posso fazer eu, a partir da minha comunidade, do meu barraco, do meu bairro, da minha favela, quando sou diariamente discriminado e marginalizado? Que pode fazer aquele estudante, aquele jovem, aquele militante, aquele missionário que atravessa as favelas e outros lugares com o coração cheio de sonhos, mas quase sem nenhuma solução para os problemas? Podem fazer muito. Vós, os mais humildes, os explorados, os pobres e excluídos, podeis e fazeis muito. Atrevo-me a dizer que o futuro da humanidade está, em grande medida, nas vossas mãos, na vossa capacidade de organização e promoção de alternativas criativas na busca diária dos três T (trabalho, teto, terra), e também na vossa participação como protagonistas nos grandes processos de mudança, mudanças nacionais, mudanças regionais e mudanças mundiais. Não se acanhem!" (Bolívia, 2015).

Francisco não acredita em mudanças como dádiva, e sim como conquistas. Isto é novo na postura de um pontífice. Bem como o fato de não se restringir a uma visão rígida de classes sociais. Todos são convocados à mudança social: assalariados e excluídos, trabalhadores formais e informais, estudantes e moradores de favelas.

Outra característica que chama a atenção em Francisco é a sua visão dialética, e não analítica, de quem percebe claramente que as injustiças sociais decorrem, não de eventuais abusos, mas da própria natureza do sistema capitalista, embora prefira evitar o adjetivo: "Pergunto-me se somos capazes de reconhecer que estas realidades destrutivas correspondem a um sistema que se tornou global. Reconhecemos que este sistema impôs a lógica do lucro a todo o custo, sem pensar na exclusão social nem na destruição da natureza?" (Bolívia, 2015).

Para Francisco, o capitalismo é "uma ditadura sutil" que degrada tanto o tecido social quanto a natureza. Sutil porque se disfarça com a suposta democracia política, sem nenhuma correspondência com o que seria uma democracia econômica, pela qual todos teriam assegurados os direitos mínimos capazes de propiciar dignidade e felicidade. Movido pela bem-aventurança da fome e sede de justiça, Francisco o qualifica e denuncia como "sistema idólatra que exclui, degrada e mata" (Bolívia, 2015).

Nas relações internacionais, é notório o caráter colonialista do capitalismo: "O novo colonialismo assume variadas fisionomias. Às vezes, é o poder anônimo do ídolo dinheiro: corporações, credores, alguns tratados denominados 'de livre-comércio', e a imposição de medidas de 'austeridade' que sempre apertam o cinto dos trabalhadores e dos pobres. Os bispos latino-americanos o denunciam muito claramente no *Documento de Aparecida*,[39] quando se afirma que as instituições financeiras e as empresas transnacionais se fortalecem a ponto de subordinar as economias locais, sobretudo debilitando os Estados, que parecem cada vez mais impotentes para levar adiante projetos de desenvolvimento a serviço de suas populações'.[40] Em outras ocasiões, sob o nobre disfarce da luta contra a corrupção, o narcotráfico ou o terrorismo – graves males dos nossos tempos que requerem uma ação internacional coordenada – vemos que se impõem aos Estados medidas que pouco têm a ver com a resolução de tais problemáticas e muitas vezes tornam as coisas piores".

Francisco convoca os movimentos sociais ao protagonismo da mudança e ao desafio de elaborarem um projeto alternativo de sociedade: "É imprescindível que, a par da reivindicação dos seus legítimos direitos, os povos e as organizações sociais construam uma alternativa humana à globalização exclusiva" (Bolívia, 2015).

Qual seria essa alternativa? O papa alerta com realismo: "Mas não é tão fácil definir o conteúdo da mudança, ou seja, o programa social que reflita este projeto de fraternidade e justiça que esperamos; não é fácil defini-lo. Neste sentido, não esperem uma receita deste papa. Nem o papa nem a Igreja tem o monopólio da interpretação da realidade social e da proposta de soluções para problemas contemporâneos. Atrever-me-ia a dizer que não existe uma receita" (Bolívia, 2015).

Contudo, Francisco assinala os critérios éticos dessa alternativa social: "Uma economia justa deve criar as condições para que cada pessoa possa gozar de uma infância sem privações, desenvolver os seus talentos durante a juventude, trabalhar com

---

39. https://spirandiopadre.wordpress.com/documento-de-aparecida-v-conferencia-celam-texto-integral/

40. V Conferência Geral do Episcopado Latino-Americano e do Caribe (2007), Documento de Aparecida, 66.

plenos direitos durante os anos de atividade e ter acesso a uma digna aposentadoria na velhice. É uma economia em que o ser humano, em harmonia com a natureza, estrutura todo o sistema de produção e distribuição, de tal modo que as capacidades e necessidades de cada um encontrem um apoio adequado no ser social" (Bolívia, 2015).

Ao encerrar o encontro de Santa Cruz de la Sierra, Francisco enfatizou: "Estou convosco. Repitamos para nós mesmos do fundo do coração: nenhuma família sem teto, nenhum camponês sem terra, nenhum trabalhador sem direitos, nenhum povo sem soberania, nenhuma pessoa sem dignidade, nenhuma criança sem infância, nenhum jovem sem possibilidades, nenhum idoso sem uma respeitável velhice. Continuai a vossa luta e, por favor, cuidai bem da Mãe Terra".

O terceiro encontro, em Roma

O terceiro encontro do papa Francisco com representantes de movimentos populares mundiais ocorreu em Roma, a 5 de novembro de 2016.[41] Naquela ocasião, parecia melhor delineado o projeto de mudanças advogado pelo chefe da Igreja Católica: "Alternativa humana diante da globalização da indiferença: 1. Pôr a economia a serviço dos povos; 2. Construir a paz e a justiça; 3. Defender a Mãe Terra".

Essa alternativa deve se opor ao "colonialismo ideológico globalizador", que "procura impor receitas supraculturais que não respeitam a identidade dos povos".

E quem é o inimigo? O terrorismo, tão alardeado pelo neoliberalismo? Francisco não se deixa ludibriar. E com seu profetismo foi direto ao ponto: "Então, quem governa? O dinhei-

---

41. Compareceram representantes de mais de 60 países.

ro. Como governa? Com o chicote do medo, da desigualdade, da violência financeira, social, cultural e militar, que gera cada vez mais violência, numa espiral ascendente que parece infinita. Quanta dor e quanto medo! Existe – como eu disse recentemente – um *terrorismo de base* que provém do controle global do dinheiro na Terra, ameaçando a humanidade inteira. É deste terrorismo de base que se alimentam os terrorismos derivados, como o narcoterrorismo, o terrorismo de Estado, e aquele que alguns erroneamente chamam de terrorismo étnico ou religioso. Mas nenhum povo, nenhuma religião é terrorista! É verdade, existem pequenos grupos fundamentalistas em toda parte. Mas o terrorismo começa quando 'se expulsa a maravilha da Criação, o homem e a mulher, colocando em seu lugar o dinheiro'.[42] Este sistema é terrorista".

Esse deslocamento de ótica do papa foi surpreendente e revolucionário. Terroristas não são apenas os inimigos do sistema capitalista que tentam miná-lo com atentados e bombas. É o próprio sistema, ao priorizar o capital e não a vida humana.

Francisco também não se deixa iludir quanto ao verdadeiro caráter da democracia que predomina no Ocidente: "A relação entre povo e democracia. Uma relação que deveria ser natural e fluida, mas que corre o perigo de se ofuscar até se tornar irreconhecível. O fosso entre os povos e as nossas atuais formas de democracia alargam-se cada vez mais como consequência do enorme poder dos grupos econômicos e midiáticos que parecem dominá-las. Sei que os movimentos populares não são partidos políticos, e permiti-me dizer-vos que, em grande parte, é nisto que se encontra a vossa riqueza, porque exprimis uma forma diferente, dinâmica e

---

42. Entrevista coletiva no voo de regresso da Viagem Apostólica à Polônia, 31 de julho de 2016.

vital de participação social na vida pública. Mas não tenhais medo de entrar nos grandes debates, na Política com letra maiúscula, e volto a citar Paulo VI: 'A política é uma maneira exigente – mas não é a única – de viver o compromisso cristão ao serviço do próximo'. Ou então esta frase, que repito muitas vezes e sempre me confundo, não sei se é de Paulo VI ou de Pio XII: 'A política é uma das formas mais altas da caridade, do amor'".

Foi o papa Pio XI, na segunda metade da década de 1930, ao receber jovens universitários da Ação Católica, quem primeiro associou a política à excelência da prática da caridade. Isso porque se pode aplacar, hoje, a fome de um pobre com um prato de comida. Porém, só é possível erradicar a fome e a pobreza através da política.

Francisco conhece muito bem as artimanhas do sistema. Este tolera os movimentos populares na medida em que promovem ações sociais que, de certo modo, amenizam sofrimentos causados pelo próprio sistema. Não devem se atrever, entretanto, a querer mudar o próprio sistema: "Enquanto vos mantiverdes na divisória das 'políticas sociais', enquanto não puserdes em questão a política econômica ou a Política com 'P' maiúsculo, sois tolerados. Aquela ideia das políticas sociais concebidas como uma política para os pobres, mas nunca com os pobres, nunca dos pobres e muito menos inserida num projeto que reúna os povos, às vezes se parece com uma espécie de remendo para conter as mazelas do sistema. Quando vós, da vossa afeição ao território, da vossa realidade diária, do bairro, do local, da organização do trabalho comunitário, das relações de pessoa a pessoa, ousais pôr em questão as 'macrorrelações'; quando levantais a voz, quando gritais, quando pretendeis indicar ao poder uma organização mais integral; então deixareis de ser tolerados, porque estais a sair dos limites, estais a deslocar-vos para o terreno das grandes decisões que alguns pretendem monopolizar nas pequenas castas. Assim a democracia se atrofia, torna-se um nominalismo, uma formalidade, perde representatividade, vai-se desencantando porque deixa fora o povo em sua luta diária pela dignidade e na construção do seu destino".

"Com os pobres e dos pobres", propõe o papa na ação política transformadora. Sugere que os movimentos populares aprimorem a democracia mobilizando esse *pobretariado* que, historicamente, não mereceu a devida atenção da esquerda.

E, de novo, Francisco vai à raiz, à causa, à origem dos desacertos naturais e sociais do mundo em que vivemos: "Sabemos que 'enquanto não forem radicalmente solucionados os problemas dos pobres, renunciando à autonomia absoluta dos mercados e da especulação financeira, e atacando as causas estruturais da desigualdade social, não se resolverão os problemas do mundo e, em definitivo, problema algum. A desigualdade é a raiz dos males sociais'".[43]

Mensagens aos movimentos populares e sindicatos

Ao encontro dos movimentos populares realizado em Modesto, na Califórnia (EUA), em fevereiro de 2017, o papa Francisco remeteu mensagem na qual voltou a denunciar o capitalismo e a sublinhar o protagonismo dos movimentos populares: "Desde há tempos enfrentamos a crise do paradigma imperante, um sistema que causa enormes sofrimentos à família humana, atacando ao mesmo tempo a dignidade das pessoas e a nossa Casa Comum, para sustentar a tirania invisível do dinheiro, que garante apenas os privilégios de poucos". E acrescentou: "Da participação dos povos como protagonistas, e em grande medida de vós, movi-

---

43. Exortação Apostólica *Evangelii Gaudium*, n. 202.

mentos populares, dependem a direção a assumir neste momento histórico e a solução desta crise, que continua a exacerbar-se".

Em junho de 2017, Francisco recebeu em audiência os líderes da CISL (Confederação Italiana dos Sindicatos dos Trabalhadores).[44]

"O sindicato" – enfatizou o papa – "nasce e renasce todas as vezes que, como os profetas bíblicos, dá voz a quem não a tem; todas as vezes que denuncia o pobre vendido por um par de sandálias; que desmascara os poderosos que pisoteiam os direitos dos trabalhadores mais frágeis; que defende a causa do estrangeiro, dos últimos, dos descartados". E pediu aos sindicalistas não restringirem as lutas às suas respectivas categorias profissionais, mas assumirem também a causa dos refugiados e demais excluídos.

Isso vale também para os movimentos populares, muitas vezes encerrados em suas bandeiras específicas, como a luta por terra, moradia ou água, sem se articularem com outros movimentos que lutam por igualdade de gênero ou contra a homofobia e o racismo.

Articulação originária

João Pedro Stédile, da coordenação nacional do MST e da Via Campesina Brasil, reconhece que "com suas posturas e pronunciamentos sobre as injustiças na humanidade e a favor dos mais pobres, dos trabalhadores e, em geral, dos excluídos, o papa Francisco, desde o início de seu pontificado, surpreendeu gratamente os militantes de movimentos populares de todo o mundo, em contraste com seus antecessores".[45]

---

44. Reportagem de Salvatore Cernuzio, publicada no jornal *La Stampa*, 28/06/2017.

45. El Papa Francisco y los movimientos populares. In: *America Latina en movimiento*, Alai, Quito, 524, maio de 2017, p. 28 e 29.

Stédile conta que, desde o segundo semestre de 2013, surgiram indícios de que o papa Francisco gostaria de manter vínculos com os movimentos populares de todo o mundo. Como Bergoglio tinha laços históricos com movimentos na Argentina, iniciaram-se os primeiros diálogos com o propósito de promover um encontro mundial dos movimentos populares.

No fim daquele ano, foram mantidas conversações, no Vaticano, com a Pontifícia Academia de Ciências e a Comissão de Justiça e Paz, de modo a tornar realidade a intenção do papa. Logo em seguida se promoveu um seminário para debater as causas das desigualdades sociais desde o ponto de vista dos movimentos populares. Foi encaminhado a Francisco um documento elaborado por nove cientistas de vários países, todos vinculados à Via Campesina Internacional, para alertar o pontífice por que as sementes transgênicas e os agrotóxicos são um perigo para a humanidade e a natureza. Desses contatos brotou a iniciativa de se convocar o Encontro Mundial de Movimentos Populares com o papa Francisco, em outubro de 2014.

Adotou-se o critério de convidar representantes de movimentos que se organizam e lutam pelos três direitos humanos fundamentais: terra para semear; teto para viver; e trabalho digno. Também se decidiu excluir representações viciadas de organismos internacionais, bem como representações da Igreja. O papa não fez nenhuma objeção e, assim, foi possível reunir 180 representantes de todos os continentes.

Espera-se, agora, que as conferências episcopais nacionais, como a CNBB, repitam em seus países a mesma iniciativa do papa Francisco e promovam encontros dos movimentos populares.[46]

---

46. Em julho de 2021, o papa Francisco convocou para setembro do mesmo ano o 4º Encontro Mundial dos Movimentos Populares, para debater os impactos da pandemia de Covid-19 nos trabalhadores mais pobres e marginalizados.

Francisco condena o "novo colonialismo"

Em julho de 2015, o papa Francisco visitou Equador, Bolívia e Paraguai. Em seu estilo profético, deixou clara sua opção pelos mais pobres.

Na periferia de Assunção, esteve com as 23 mil famílias que ocupavam a área de Bañado Norte e, há 30 anos, lutavam pelo título de propriedade. Francisco se declarou feliz por estar "em sua terra", em explícito apoio à reivindicação dos ocupantes.

Na Bolívia, pediu perdão aos povos indígenas pela cumplicidade da Igreja Católica com o genocídio provocado pela colonização europeia: "Muitos pecados foram cometidos contra os povos latinos em nome de Deus".

Em crítica ao pietismo vazio, o papa enfatizou que "não importa a quantas missas de domingo você foi, se você não tem um coração solidário. Se você não sabe o que está acontecendo em sua cidade, sua fé é muito fraca, está doente ou morta". Fez eco à *Carta de Tiago*, no Novo Testamento, que frisa ser inócua a fé sem obras solidárias (2,14-17).

O tema recorrente de Francisco na viagem aos três países foram as injustiças causadas pelo capitalismo global. "Em um mundo onde há tantos agricultores sem terra, tantas famílias sem casa, tantos trabalhadores sem direitos", onde explodem "guerras insensatas" e a terra é devastada, isso significa que "as coisas não estão indo bem" e é preciso "uma mudança".

Ressaltou que opressão, exclusão e degradação ambiental "respondem a um sistema que se tornou global", e "impôs a lógica do lucro a todo custo". Por trás de "tanta morte e destruição, sente-se o fedor daquilo que Basílio de Cesareia chamava de 'esterco do diabo'".

Em Santa Cruz de la Sierra, recebeu mais de 1.500 representantes de movimentos populares. Saudou-os como "semeadores de mudanças" e "poetas sociais". Declarou que a Igreja está disposta a "acompanhar aqueles que buscam superar as graves situações de injustiça que sofrem os excluídos em todo o mundo". E valorizou o protagonismo dos movimentos sociais: "Atrevo-me a lhes dizer que o futuro da humanidade está, em grande parte, em suas mãos, na sua capacidade de se organizar e promover alternativas criativas".

Para o papa, a economia "não deveria ser um mecanismo de acumulação, mas a adequada administração da casa comum". E frisou: "Quando o capital se converte em ídolo e dirige as opções dos seres humanos; quando a avidez pelo dinheiro tutela todo o sistema socioeconômico; isso arruína a sociedade, condena o homem, converte-o em escravo, destrói a fraternidade intra-humana, joga povo contra povo e, como vemos, põe em risco até essa nossa casa comum".

Francisco observou que, para uma vida digna, é necessário garantir os três T – teto, trabalho e terra. E em referência aplicável à Grécia e ao Brasil, qualificou de "novo colonialismo alguns tratados denominados de 'livre-comércio' e a imposição de medidas de 'austeridade' que sempre apertam o cinto dos trabalhadores e dos pobres".

* * *

Igreja fora das igrejas

Em Nova Iguaçu (RJ), agentes pastorais, membros de Comunidades Eclesiais de Base, adeptos da Teologia da Libertação, do Movimento Fé e Política e de movimentos sociais se reuniram para aprofundar a proposta do papa Francisco de "uma Igreja em saída".

Diminui o número de católicos no Brasil. A pesquisa Data-Folha, de dezembro de 2016, comprovou redução de 9 milhões de fiéis em dois anos. Naquela data, apenas 50% dos entrevistados se autodeclararam católicos.

O papa Francisco está ciente da crise do catolicismo. Por isso, propõe uma "Igreja em saída". Isso significa romper os muros clericalistas que amarram a Igreja aos templos; flexibilizar as leis canônicas (como admitir o recasamento de divorciados); e modificar os parâmetros ideológicos (que consideram o catolicismo conatural ao capitalismo).

Esse projeto de Francisco se choca com a "restauração identitária" ou, nas palavras do teólogo e meu primo João Batista Libanio, "volta à grande disciplina", defendida por João Paulo II e Bento XVI. Propunham a leitura dos documentos do Concílio Vaticano II à luz do Vaticano I: predominância do Direito Canônico; *Catecismo da Igreja Católica*; desestímulo às Comunidades Eclesiais de Base; aceitação da liturgia tridentina; valorização dos movimentos papistas; e desconfiança diante da sociedade (tida como relativista e niilista).

Para o projeto de "restauração identitária", o papel da Igreja é salvar almas. Para o de "Igreja em saída" é libertar a humanidade da injustiça e da desigualdade. As pessoas se salvam salvando a humanidade de tudo que a impede de ser a grande família dos filhos e filhas de Deus. Daí a proposta de Francisco ao incentivar os movimentos sociais a lutar por três T: terra, teto e trabalho.

O primeiro projeto quer uma Igreja centrada na liturgia e nos sacramentos, na noção de pecado, na submissão dos leigos ao clero. Guarda nostalgia dos tempos em que a Igreja Católica ditava a moral social; merecia a reverência do Estado, que a cobria de privilégios; e, hoje, seus adeptos se sentem incomodados frente à secularização da sociedade e aos avanços da ciência e da tecnologia.

Ora, quantos jovens batizados na Igreja Católica estão hoje preocupados com a noção de pecado? Quantos temem ir para o inferno ao morrer? Quantos se preservam virgens até o casamento?

O projeto de Francisco é de uma Igreja descentrada de si e centrada nos graves desafios do mundo atual: preservação da natureza; combate à idolatria do capital; diálogo entre as nações; acolhimento dos refugiados; misericórdia às pessoas; protagonismo dos movimentos populares; centralidade evangélica nos direitos dos pobres e excluídos.

Bento XVI renunciou por reconhecer o fracasso do projeto de "restauração identitária", ainda apoiado por expressivo número de bispos, padres e religiosas, incomodados com as orientações do papa Francisco, a quem alguns criticam abertamente.

O novo jeito de ser católico, proposto por Francisco, corresponde ao que dizia São Domingos, fundador da Ordem religiosa a que pertenço: "O trigo amontoado apodrece; espalhado, frutifica". Sair da sacristia para a sociedade; encarar o mundo como dádiva de Deus; descobrir a presença de valores evangélicos em pessoas e situações desprovidas de fé ou religiosidade; buscar o diálogo ecumênico e inter-religioso; estar menos na Igreja para se fazer mais presente no Reino de Deus – categoria que, na boca de Jesus, se contrapunha ao reino de César, e significa o mundo no qual a paz seja fruto da justiça, e não do equilíbrio de armas.

A meta é o Reino de Deus, no qual "Deus será tudo em todos", como prenunciou o apóstolo Paulo (1 *Coríntios* 15,28). O caminho para atingi-lo inclui os movimentos sociais, as instituições da sociedade, as ferramentas políticas. E a Igreja funciona como "posto de gasolina" para abastecer-nos na fé e na espiritualidade, capaz de nos estimular como militantes da grande utopia – o mundo que Deus quer para seus filhos e filhas viverem com dignidade, liberdade, justiça e paz.

* * *

Fundamentalismo cristão

O fundamentalismo sempre existiu nas tradições religiosas. Consiste em interpretar literalmente o texto sagrado, sem contextualizá-lo, e extrair deduções alegóricas e subjetivas como única verdade universalmente válida. Para o fundamentalista, a letra da lei vale mais que o Espírito de Deus. E a doutrina religiosa está acima do amor.

Escolas do sul dos EUA, e também algumas no Brasil, rejeitam os avanços científicos resultantes das pesquisas de Darwin e ensinam que o homem e a mulher foram criados diretamente por Deus. Tal visão fundamentalista nem sequer reconhece que Adão, em hebraico, significa "terra", e Eva, "vida". Como os autores do

Primeiro Testamento não raciocinavam com categorias abstratas, à semelhança da gente simples do povo, o conceito ganhou plasticidade no "causo" de Adão e Eva.

Todo fundamentalista é um "altruísta". Está tão convencido de que só ele enxerga a verdade que trata de forçar os demais a aceitar o seu ponto de vista... "para o bem deles"!

Há muitos fundamentalismos em voga, desde o religioso, que confessionaliza a política, ao líder político que se julga revestido de missão divina. Eles geram fanáticos e intolerantes.

Uma das melhores conquistas da modernidade é a separação entre a Igreja e o Estado. Nada de papas coroando reis, como na Idade Média, ou presidentes consagrando a nação ao Sagrado Coração de Jesus, como ocorria na Colômbia.

Reger a vida política a partir de preceitos religiosos é um desrespeito a quem professa outra religião ou nenhuma. Isso não significa que um cristão deva abrir mão de suas convicções e dos valores evangélicos. Mas não deve esperar que todos reconheçam a natureza religiosa de sua ética. E nem queira impor a sua fé como paradigma político.

Há que cuidar também para evitar o fundamentalismo laicista, de quem julga que religião é uma questão privada, sem dimensão social e política. Afinal, todos os cristãos são discípulos de um prisioneiro político. E a prática da fé implica defesa intransigente da vida, especialmente dos vulneráveis e excluídos.

O fundamentalismo laicista, que sempre relegou a religião à esfera da superstição, é danoso por estimular o preconceito e não reconhecer que milhões de pessoas têm em sua fé o paradigma de suas convicções e práticas. Corre-se o risco de repetir o erro dos antigos partidos comunistas, que exigiam dos novos militantes profissão de fé no ateísmo.

Reforçam o fundamentalismo cristão todos os que são indiferentes ao diálogo inter-religioso e consideram a sua Igreja a única verdadeira intérprete dos mandamentos e da vontade divinos. Por isso, é importante estabelecer os critérios éticos que propiciam a base sobre a qual as diferentes Igrejas e religiões devem dialogar e somar esforços. São eles: a *ética da libertação* em um mundo dominado por múltiplas opressões; a *ética da justiça* nessa realidade estruturalmente injusta; a *ética da gratuidade* nessa cultura mercantilista onde imperam o interesse e o negócio; a *ética da compaixão* num mundo marcado pela dor de tantas vítimas; a *ética da acolhida*, já que há tantas exclusões à nossa volta; a *ética da solidariedade* nessa sociedade fortemente competitiva; a *ética da vida* frente a tantos sinais de morte que ameaçam a natureza e os pobres.

O fundamentalismo é irmão gêmeo do moralismo. E o moralista é capaz de ver o mosquito no olho alheio, como observou Jesus, sem atinar para a trava no próprio olho. No caso de certos políticos, quem sabe a solução para a paz seja considerar a guerra um atentado ao pudor...

* * *

A salvação

Maria X. veio da zona rural de Minas à procura de trabalho em São Paulo. Acolhida por família conterrânea na favela do Jaguaré, perambulou uma semana pelo centro da cidade, na esperança de se empregar no comércio. Devido à pouca escolaridade, sem sequer ter concluído o ensino fundamental, se viu reprovada nos testes de português e aritmética. O recurso foi trabalhar como faxineira em casas particulares.

Maria não conhecia ninguém na cidade grande, que lhe parecia hostil, exceto a família conterrânea que, um mês depois, começou a dar sinais de que ela era demais no barraco que abrigava um casal e seus três filhos.

Católica, Maria procurou a igreja do bairro, distante da favela, para cumprir o preceito dominical. Estranhou o ambiente. No templo, havia mais madames do que Marias. Todos assistiam, silentes, ao desempenho do padre no altar, e ela não entendeu quase nada do que ele pregou no sermão. Maria se perguntou se o Deus no qual acreditava havia ficado na capela de Nossa Senhora do Rosário que frequentava em Minas.

Uma tarde, na volta do trabalho, sentou no ônibus ao lado de uma vizinha. A moça se interessou pela história de Maria e, ao ouvir a desilusão com a metrópole, convidou-a a frequentar a Igreja Evangélica. Maria ficou curiosa e embora recordasse do que a avó lhe dizia, que os protestantes eram inimigos do papa, aceitou o convite.

No domingo, Maria foi recebida no culto como se todos ali a esperassem há tempos. Ao contrário da missa, havia um coral que entoava animados hinos, acompanhado por um conjunto musical. O pastor também morava na favela do Jaguaré e pregou o que Maria entendeu. E entendeu melhor porque, projetado o vídeo no telão, teve ideia de onde ficam a Judeia, a Samaria e a Galileia, lugares por onde Jesus andou.

Ao final do culto, um café, com variedade de bolos e biscoitos, foi servido aos fiéis, e muitos se aproximaram dela como se a conhecessem há tempos, a ponto de tratá-la por "irmã".

Maria se sentiu acolhida. Não se importou de o templo não ter imagens de santos e notou que todos falavam em orar, jamais rezar. Parecia que, ali, Deus estava mais próximo dela. Pela primeira vez, deixara de ser uma anônima na cidade grande.

Maria passou a frequentar a escola dominical após o culto. Pela primeira vez, aprendeu o que é a Bíblia e por que contém a palavra de Deus. A comunidade não ofereceu a ela apenas iniciação catequética própria a adultos. Interessou-se também por suas condições de vida e seu trabalho, e inclusive lhe ofertou um novo domicílio, uma cesta básica mensal, roupas em bom estado e remédios se precisasse.

A Igreja Evangélica conquistou Maria por imprimir-lhe identidade social e acolhê-la em uma comunidade solidária na megalópole sem rosto. E ensinou-lhe a dispensar a intermediação de padres e santos para entrar em contato direto com Deus através da oração de súplica e louvor.

Maria acredita que o pastor deseja sinceramente o bem dela e da congregação de fiéis. Por isso, não duvida de que ele busca também o melhor para a população da cidade, do Estado e do país. Razão pela qual Maria não reluta em dar seu voto aos candidatos que ele indica.

Lembrei-me da história de Maria ao receber a notícia de que o papa Francisco vetou a possibilidade de indígenas casados atuarem como sacerdotes na Amazônia. A Igreja Católica está fadada a perder terreno enquanto não fizer inserção inculturada.

Dados do IBGE, de dezembro de 2019, e do demógrafo José Eustáquio Alves indicam que, hoje, os católicos são 50% da população brasileira. Em 2022 serão menos e, em 2032, 38,6%, enquanto os evangélicos agregarão 39,8% da população, alcançando a maioria absoluta em 2050.

Se a Igreja Católica não passar por reformas profundas, como erradicar o clericalismo e tornar efetiva a opção pelos pobres, perderá cada vez mais fiéis. E não me incluo entre os que torcem pela competição entre católicos e evangélicos. Incluo-me entre os que sonham com uma Igreja que não tenha sacerdotes entre os indígenas, os quilombolas, os moradores de favelas e as mulheres, e sim indígenas sacerdotes, quilombolas sacerdotes, moradores de favelas sacerdotes e mulheres sacerdotes.

Fora dessa enculturação, a Igreja Católica não terá salvação.

* * *

Aspectos antropológicos da conversão

O termo conversão evoca a ideia de voltar-se sobre si, converter-se, ser capaz de produzir a ação de centrar-se sobre a própria existência. Ao mesmo tempo, significa tomar novo rumo, modificar a antiga trajetória a fim de se encaminhar em novo sentido, em outra direção que não a inicialmente prevista.

Ninguém se converte a si mesmo. A conversão é sempre a alguém ou a alguma coisa. Aquele que aderiu ao partido político ao qual antes fazia oposição, ou aceitou uma doutrina diferente de suas antigas ideias e concepções, é um convertido. Converteu-se ao programa do partido ou à doutrina defendida por um grupo social. Passa a ter uma nova concepção do mundo e da história, modifica hábitos e costumes, a práxis de vida, de modo a adequar-se às mudanças que agora o norteiam, inclusive intelectualmente.

Toda pessoa recebe, por força do condicionamento social em que está inserida desde o nascimento, determinada configuração do mundo e da história pela qual se situa e se entende dentro da sociedade. É o delineamento de um conjunto de ideias, valores e princípios formulados sob o aspecto jurídico, social, moral, político e religioso. A esse conjunto chamamos ideologia.

A ideologia, portanto, não é algo que se pode ter ou não, dependendo da própria vontade. Em geral, não se tem consciência de que a possui. É a maneira pela qual vemos os acontecimentos da vida e da história, e nos situamos diante deles. São os óculos pelos quais encaramos o mundo de determinada cor e determinada forma. Ninguém enxerga sem os olhos e, no entanto, ninguém, ao enxergar alguma coisa, vê os próprios olhos. Assim ocorre com a ideologia que possuímos. Por meio dela – que resulta de nossas concepções morais, políticas, sociais, artísticas ou religiosas, nem sempre explícitas –, vemos e interpretamos a realidade objetiva na qual nos situamos.

Os antigos acreditavam que o Universo, o cosmos, era uma ordem hierarquicamente disposta, e a Terra ocupava o seu centro, em torno da qual girava o Sol. Desta maneira ideológica de interpretar o mundo tiravam consequências práticas, como acreditar que aquelas pessoas colocadas no polo superior da escala social eram mais abençoados por Deus que as demais situadas na escala inferior. Portanto, além de exprimir certa teoria, a ideologia determina também hábitos e costumes, ou seja, uma práxis.

A maneira de pensar e viver próprias a uma determinada sociedade corresponde geralmente ao modelo ideológico imposto pelo grupo social ou pela classe dominante. Em uma economia competitiva, baseada na propriedade privada e na busca desenfreada de lucro, é natural que se acredite que o ideal à felicidade e realização pessoais se resume em ser rico, mesmo em detrimento da ampla camada da população desprovida dos recursos mínimos à sobrevivência. Assim, a ideologia da sociedade neoliberal, consumista, impõe seus valores através de programas de TV, internet, revistas em quadrinhos, romances escritos segundo a fórmula dos *best sellers*, livros de história que evitam interpretar os fatos pelo ângulo dos humilhados e ofendidos. O jovem, mais maleável a essa influência, sonha, portanto, com a vida opulenta de seus heróis. A propaganda manipula aqueles valores que teoricamente aparecem como os mais importantes da vida: poder, fama, riqueza e beleza. E ao mesmo tempo sugere um hábito pelo qual tal valor poderia ser facilmente alcançado: carro, cigarro, perfume ou roupa de grife.

Para o rolo compressor publicitário, "converter" uma pessoa significa infundir-lhe novos hábitos de consumo através da crença de que, assim, ela estará adquirindo melhor *status* social. De qualquer maneira, em se tratando de adotar uma nova roupa ou nova concepção sobre a maneira mais eficaz de implantar a justiça no mundo, a pessoa sempre se converte a alguma coisa, que a obriga a um novo comportamento e a uma nova ideologia ou visão das coisas e da vida.

Há em todo ser humano a aspiração profunda de conversão? Talvez seja mais acertado afirmar que há em, qualquer pessoa, a busca incansável de segurança. Daí por que é bem mais fácil encontrarmos pessoas que preferem conservar que modificar a sua maneira de viver. O conservador se julga seguro diante dos desafios da existência, possui seus pontos de referência e não sente a terra tremer sob os pés.

Quando Galileu sugeriu que a Terra não era o centro do Universo, e que o Sol não passava de simples estrela no conjunto infinito de astros que ocupam o espaço cósmico, a Igreja foi a primeira a sentir-se abalada. Por isso, os teólogos da época preferiram não acreditar na ciência de Galileu. Diante de fatos e dados que ameacem a sua estabilidade, o conservador opta por ignorá-los ou negá-los pelo subterfúgio de falsas interpretações.

Do ponto de vista religioso, o protótipo do conservador, apegado às tradições do passado e incapaz de se converter, é o fariseu. Pela crítica que Jesus fez ao fariseu, descrita principalmente no capítulo 23 do *Evangelho de Mateus*, sabemos que ele é o homem apegado à letra da lei que, com o seu peso, esmaga o espírito humano. É o burocrata da religião que "amarra pesados fardos e coloca nas costas dos homens", mas ele próprio "não os quer mover nem com o dedo". Gosta de ser visto e admirado pelos homens e prega aos outros o que não é capaz de praticar. Insiste em viver com impecável rigor, embora transgredindo os pontos mais importantes da lei: a justiça, a misericórdia e a fidelidade. Come um mosquito e engole um camelo. Por fora tem boa aparência, mas por dentro está cheio de podridão, como sepulcro caiado. É capaz de saber se vai haver chuva ou sol, mas incapaz de ler os sinais dos tempos. Assim é a pessoa que não aceita se converter, pois qualquer boa nova soa aos seus ouvidos como suspeita e perigosa. Prefere se fechar em seu casulo que se abrir ao voo livre da história. Encerra-se no apertado cômodo do passado, temeroso de enfrentar o ruidoso trânsito das largas avenidas do futuro.

Só é capaz de se converter quem mantém acesa a esperança. Aquele que espera é aberto aos sinais do futuro. Não aceita sedimentar-se no presente e evita ficar fitando o passado para que não caia sobre ele o castigo da mulher de Ló, transformada em pedra de sal ao olhar para trás. Toda pessoa que se converte, converte-se a uma novidade. Ninguém aceita modificar os seus hábitos por algo que lhe pareça caduco e ultrapassado. A novidade que se apresenta deve dar a ela pelo menos a impressão de que vale a pena abandonar a velha rota para abraçar o novo caminho. Toda conversão é feita de opções e renúncias. Não é possível abraçar o futuro carregando nos braços o passado.

A conversão na Bíblia

Deus é a perene necessidade da vida humana. Através da história de um povo semita ele se engaja e se revela como aquele que dá sentido a toda história humana. Este sentido é a proposta que fez a nós, cuja resposta só pode ser dada mediante conversão de vida. Supõe que a pessoa não só aceite o seu projeto para o mundo e a história, mas que comprove esta aceitação tornando-se ela própria sujeito deste projeto. Assim, sua vida é atingida em cheio por um profundo e radical apelo à conversão.

À sua promessa, Deus exige de nós adesão na fé. Pela fé, diz a *Carta aos hebreus*, "possuímos aquilo que esperamos; temos a certeza daquilo que ainda não vemos" (11,1). A fé, que acolhemos com dom, é a proposta de conversão feita por Deus. "Deus nos amou primeiro"(1 *João* 4,10). Aderir à fé é o mesmo que se converter, conforme o prólogo do *Evangelho de Marcos,* que resume a essência da proposta cristã. "Completou-se o tempo e o servo de Deus (a renovação de todas as coisas) está próximo (ao alcance de todos nós); fazei penitência (convertei-vos, mudai a direção da vida) e crede no Evangelho (na boa nova de libertação)" (1,15).

A fé é obra da graça em nós, obra do Pai que envia a nossos corações o Espírito de seu Filho. O "Espírito Santo que habita em nós" (*Romanos* 5,5). Jesus louva a fé demonstrada por Pedro (*Mateus* 16,17): "Não foi a carne e o sangue que te revelaram isso, mas o meu Pai que está nos céus". Foi este Pai que se revelou também aos pequenos – "deixando-o oculto aos sábios e entendidos" (*Mateus* 11,27).

Trata-se de uma luz interna do Espírito, infundida em nossa alma por uma comunicação interior do mesmo Espírito Santo.

"O Advogado, o Espírito Santo que o Pai enviará em meu nome, ensinar-vos-á todas as coisas e vos recordará tudo o que vos tenho dito" (*João* 14,26).

Nesta adesão de fé adquirimos uma visão nova, a visão dos olhos de Deus. Nossa vontade é libertada e nossa inteligência iluminada. A fé é suprarracional, não irracional. Seria errôneo exaltar de tal maneira seu caráter sobrenatural a ponto de situá-la fora do âmbito das estruturas físico-sociais de nossa existência. É nela que se encarna e manifesta o sobrenatural. Na fé a graça não entra em concorrência com as forças naturais do humano. Antes, liberta-as em direção à sua suprema realização. Ela não degrada a pessoa que tem fé, relegando-a à condição de robô. Imprime-lhe, de fato, a verdadeira liberdade.

A fé tem tríplice dimensão: pessoal, social, escatológica. Engajamento pessoal na caminhada do povo de Deus (Igreja), que antecipa o futuro. É um encontro com a pessoa de Jesus Cristo, cujo amor inteiramente pessoal cada um de nós é chamado a crer: "porque Ele me amou e se entregou por mim" (*Gálatas* 2,20).

Este encontro, esta abertura ao apelo do Jesus Cristo, que cria disposição à conversão, pode ser suscitado por anos de reflexão sobre o mistério cristão ou por um fato aparentemente banal: o testemunho de uma pessoa, o pronunciamento de um bispo, um livro, uma enfermidade etc. Mas isso não é ainda a conversão. Esta implica não somente aceitação das verdades reveladas, mas também empenho da pessoa de tornar a sua vida testemunha dessas verdades. Quem se converte a Jesus Cristo não se converte a um catálogo doutrinal ou aos princípios de um manual de catequese. Converte-se a alguém, a quem adora com fé e amor. Esta adesão, entretanto, não se limita ao tipo de adesão que o discípulo tem pelo seu mestre ou o militante pelo seu líder. É mais profunda. O cristão faz das palavras e gestos de Jesus Cristo as suas palavras e gestos. Faz da vida de Jesus a sua vida. Faz do próprio Jesus aquele que, nele, ocupa todo o espaço possível de sua existência: "Já não sou eu quem vivo, é Cristo que vive em mim" (*Gálatas* 2,20). É em virtude de Cristo viver na vida de fé dos cristãos que eles formam "um só corpo em Cristo" (*Romanos* 12,5).

Na Igreja, a conversão exigida aos cristãos nada tem a ver com mera adesão subjetiva ao Evangelho. Aquele que se converte não pode continuar a viver da mesma maneira. Implica, essencial-mente, conversão ao próximo. A fé adquire o seu sentido pleno na dinâmica da caridade. Só ama a Deus quem pratica a justiça, ensinam os profetas. Portanto, ter fé, aderir a Jesus Cristo, é colocar-se a serviço do próximo, procurando quebrar todas as barreiras, subjetivas e objetivas, que nos impedem de viver em comunhão com homens e mulheres, a natureza e Deus. Esse processo de luta contra o pecado, contra todos os obstáculos que impedem o amor entre as pessoas, historizados na forma de estruturas sociais discriminatórias e opressivas, é a exigência primeira da conver-são. João Batista exigia daqueles que buscavam o seu batismo: "Daí frutos dignos de conversão" (*Mateus* 2,8). E ensinava que não basta a fé sem obras, sem o engajamento pessoal na linha de suas exigências escatológicas. "Não julgueis que vos basta dizer dentro de vós: temos por pai o Abraão". (9). Deus pode suscitar até das pedras filhos para Abraão. A fé é como o machado colocado à raiz da árvore: "Toda árvore que não der bons frutos será cortada e lançada ao fogo" (10). Os homens perguntavam então a João Batista "que devemos fazer?" (*Lucas* 3,10). Se nos convertermos, como devemos agir? E João lhes ensinava o amor e a justiça: "Quem tem duas túnicas, compartilhe com quem não tem, e quem tem o que comer, faça o mesmo" (11). Aos cobradores de impostos exigia que não roubassem do povo (12-13), e aos soldados dizia: "não molesteis ninguém para extorquir dinheiro, nem façais denúncia falsa, e contentai-vos com vosso salário" (14). E

Lucas conclui: "Assim, e por muitas exortações, (ele) anunciava ao povo a Boa-nova" (18).

Converter-se a Jesus Cristo supõe ruptura com o homem velho, escravo da alienação e do pecado, e opção de amor à libertação dos mais pobres. "Se alguém vem a mim e prioriza seu pai, sua mãe, sua mulher, seus filhos, seus irmãos, suas irmãs, e até sua própria vida, não pode ser meu discípulo" (*Lucas* 14,26) "Todo aquele que dentre vós não renuncia a tudo o que possui não pode ser meu discípulo" (33).

Esta renúncia não significa desapego ascético às coisas deste mundo, como se fossem um empecilho à vida nova em Cristo. Significa, antes, adesão à vontade divina, manifestada também por meio de todas suas realidades, como o único valor absoluto da vida humana e, portanto, pelo qual vale a pena abrir mão de todas as aparentes e precárias seguranças da vida representadas pelos laços de família e pela posse de bens materiais. Pedro, exprimindo a opção do grupo de apóstolos, fez saber a Jesus: "Pois bem: nós deixamos todos os nossos bens e te seguimos!" (*Lucas* 18,28). O Senhor mostra que esta opção terá como resultado a possibilidade, ainda nesta vida, de uma libertação cuja experiência é prenúncio de vida eterna: "Ninguém há que tenha abandonado casa, ou mulher, ou irmãos, ou pais, ou filhos por amor do reino do Deus, que não receba muito mais no presente, e no mundo futuro a vida eterna" (*Lucas* 18,29-30) (*Mateus* 19,27-29).

Ao mesmo tempo, a conversão é exigência de compromisso com os pobres e oprimidos. Quando o jovem rico indagou de Jesus que mandamentos deveria observar, a resposta realçou aqueles que, no Decálogo, dizem respeito ao próximo: "Não matar, não cometer adultério etc. (*Mateus* 17,18-19). Mas isto não é tudo. Também os fariseus eram fiéis observantes da lei mosaica. "Que me falta ainda?", perguntou o jovem (20). Jesus então lhe revelou que a plena libertação só pode ser alcançada por aquele que se despoja de tudo para entrar em comunhão com os pobres (21).

A mesma exigência de um amor voltado prioritariamente aos pobres é colocada na *Parábola do Bom Samaritano*. Ao doutor da lei, interessado em conhecer o caminho da libertação prometido por Deus, Jesus deu a mesma resposta "teológica", onde mostrou que só ama a Deus quem ama ao próximo: "Amarás o Senhor, teu Deus, de todo teu coração, de toda a tua alma, com todas as tuas forças e de todo o teu entendimento; e o próximo como a ti mesmo" (*Lucas* 10,27). Mas, como aos nossos ouvidos, a referência ao próximo soou para o doutor da lei como que abstrata. Por isso, insistiu: "E quem é o meu próximo?" (29), provocando a resposta "pastoral" de Jesus: o próximo é o homem marginalizado, abandonado e oprimido, em cuja direção devemos modificar o nosso caminho para socorrê-lo e libertá-lo (30-37).

Consequências pastorais

Durante muito tempo a nossa tarefa de evangelização foi encarada como proselitismo em vista da conversão dos pecadores. Subjacente a este tipo de evangelização residia a ideia de que todo aquele que não vivia em comunhão com a Igreja ou não tinha fé estava arriscado à condenação eterna. Nossa missão, portanto, era trazer ao redil a ovelha desgarrada, a fim de integrá-la no conjunto que ouvia a voz do único Pastor.

O missionário destacado para pregar o Evangelho aos pagãos preocupava-se em viver segundo aquele modelo que lhe parecia eminentemente cristão: o europeu. Assim, os missionários que atuavam na China nos séculos XVIII e XIX não se questionavam quanto à contradição existente entre o que anunciavam e os usos e costumes europeus que conservavam no país de missão, inclusive convencidos de que refletiam o verdadeiro *status* do homem civilizado: bom sinal seria se os chineses falassem francês e usassem terno e gravata!

Esta paradoxal identificação entre o conteúdo evangélico e os hábitos burgueses da Igreja europeia fez surgir a ideia de que conversão é uma adesão intelectual às verdades reveladas com consequências morais na esfera individual. Portanto, a pessoa que tivesse sua vida pessoal regulada pela frequência aos sacramentos era considerada "uma boa cristã". Como essa maneira burguesa de viver e o sistema socioeconômico do Ocidente eram tidos como 'de inspiração cristã", não havia a preocupação, por parte dos evangelizadores, de complementarem sua pregação por um testemunho radical e transparente da "boa nova de Jesus Cristo". Os modelos para as 'terras das missões', como modelos cristãos, eram os da Europa Ocidental, apesar de suas estruturas aristocráticas favorecedoras da classe social dominante.

Assim, na América Latina a evangelização foi uma das armas utilizadas pelos colonizadores para impor sua ideologia, seus usos e costumes, destruindo como "pagã, infiel e herética" a cultura e as religiões seculares dos povos originários latino-americanos.

A Igreja que se implantou nos países da América Latina é tributária dos resquícios da Cristandade da Igreja europeia, mormente da península ibérica. Suas instituições são ainda apropriadas a uma sociedade para qual o cristianismo existe como pressuposto intrínseco à sua cultura. Com a secularização das instituições "profanas" e a autonomia dos Estados modernos, a Igreja procurou preservar sua influência social através dos espaços de Cristandade criados dentro da sociedade secular: colégios, universidades, hospitais, centros de pesquisa etc. O modelo institucional de Igreja que temos ainda hoje é o de Cristandade adaptado à idade moderna. Para sua existência e preservação depende diretamente da anuência do Estado. Assim ela vive dependente das forças que em cada país dominam o poder: seu ensino é permitido, enquanto não entra em choque com a orientação educacional oficial, mas principalmente enquanto ajuda a manter a ideologia dominante.

Dentro de uma sociedade cujo Estado não permita à Igreja manter instituições de utilidade pública, ela certamente se verá em dificuldade para organizar sua pastoral, pois ainda permanece atrelada a instrumentos mais próprios a uma situação de neocristandade, em que a Igreja participa de alguma forma do poder, do que a uma situação secularizada, que atua como instituição de serviço aos direitos dos dominados e marginalizados.

É fundamental não confundirmos evangelização com instrumentos de evangelização que tiveram a sua razão de ser dentro de um determinado contexto histórico cultural. Jesus não criou, para facilitar a sua tarefa de evangelização, nenhum instrumento institucional. Nada parecido à sinagoga judia ou ao templo pagão. Nunca pediu licença aos poderosos para anunciar o Reino nem dependeu da anuência deles. Da mesma forma, os apóstolos não criaram senão comunidades de fé, eclesiais, inseridas no meio do povo. Só com o advento da Cristandade foi possível à Igreja se organizar como poderosa instituição patrimonial, proprietária de incalculáveis bens.

Em que medida, na sociedade sempre mais secularizada como a nossa, os instrumentos de Cristandade que a Igreja ainda mantém facilitam ou dificultam a sua missão evangelizadora?

Esta questão só pode ser respondida dentro da correlação "conteúdo de boa-nova X testemunho eclesial". Se o testemunho da Igreja reflete o conteúdo de sua pregação, é sinal de que está na linha da palavra do Senhor. Qual é, portanto, o critério pelo qual podemos apurar isto com certa margem de garantia: é saber se nosso amor a Deus e nossa proclamação de sua palavra se traduz em serviço eficaz aos pobres e oprimidos que vivem na esperança de libertação. Foi este o critério que Jesus ensinou, na *Parábola do Bom Samaritano*, ao doutor da lei para que pudesse ajuizar sobre a sua vida: se era uma realidade farisaica, de servir a Deus indiferente ao oprimido, ou se era capaz de amar a Deus na face do homem humilhado e ofendido.

Se as instituições da Igreja estão a serviço da libertação das massas populares caídas à beira da estrada, é sinal de que correspondem ao conteúdo do querigma anunciado. Entretanto, se mais favorecem às classes dominantes, ao poder do opressor sobre o oprimido, do rico sobre o pobre, é sinal de que já deixaram que o sal perdesse o seu sabor e se tornasse insípido. Caíram no farisaísmo que em sua hipocrisia de proclamar que não transparece em seu testemunho é capaz "de percorrer terra e mar para ganhar um adepto e, uma vez conseguido, o torna merecedor do inferno" diz Jesus (*Mateus* 23,15).

"Jesus anunciou o Reino, mas o que veio foi a Igreja", dizia Alfredo Loisy. A Igreja é uma instituição pós-pascal, organizada pelos apóstolos em função da demora da Palavra. Nela o Espírito do Senhor antecipa as promessas escatológicas. Daí a sua natureza de sacramento de Deus no mundo. Ela congrega todos os fiéis que aguardam confiantes a manifestação do "dia do Senhor", quando "já não haverá a morte, nem luto, nem grito, nem dor, porque as primeiras coisas terão passado" (*Apocalipse* 21,4).

Ao longo de sua história, a Igreja procurou lançar mão de instrumentos e instituições que, oriundos de outros povos e de outras religiões, lhe pareceram adequadas ao exercício de sua missão. Assim: o diaconato, o presbiterado, o altar, o templo, a organização em deveres, a vida religiosa, os cúrias etc. São Simeão, o estilita que passou cerca de 30 anos sobre uma coluna, no século V, pode ter optado por este gênero de vida cristã na medida em que ele, ridículo a nossos olhos, fosse na época um instrumento eficaz de manifestar o absoluto do Deus de Jesus Cristo. Hoje tal exemplo já não provoca nos nossos contemporâneos senão risadas incrédulas. Também as Ordens Militares da Idade Média, como os Templários, nasceram como fruto de uma cultura e do espírito da época. Desapareceram com o tempo, as mudanças ocorridas no mundo e na Igreja, sem que com isto os cristãos tenham perdido alguma coisa de imprescindível à sua tarefa evangelizadora.

Na história da Igreja vemos que o boicote passou pelas mais diversas transformações determinadas pelas exigências e pela mentalidade de cada época. Na Igreja dos Apóstolos, os leigos ocupavam funções de acordo com seus carismas. Eram profetas ou doutores, exerciam seu serviço à comunidade conforme o dom recebido do Espírito: curas, instrução na fé, interpretação dos desígnios divinos, sabedoria, ciência etc. Com a progressiva institucionalização dos carismas e concomitante clericalização das funções eclesiais, foram perdendo sua autonomia na Igreja que se estruturou conforme o modelo monárquico. Ainda no século III os bispos de Cesareia e de Jerusalém convidavam o leigo Orígenes a explicar as Escrituras às suas comunidades. Mas foi uma exceção que se tornou cada vez mais rara. Leão Magno e diversos sínodos da alta Idade Média (Tours 813; Aix-la-Chapele 836 etc.) proibiram a pregação dos leigos. Só no século XII ganhou novo impulso com certos movimentos de renovação que tiveram a iniciativa de organizar: valdenses, humilhados, franciscanismo. Entretanto, não querendo se deixar contestar pela base, a cúpula da Igreja, reunida no IV Concílio de Trento, estabeleceu que a pregação ficava reservada aos bispos e seus colaboradores. O Código de Direito Canônico de 1918 manteve a interdição de pregação leiga. Mas, mesmo no Concílio de Trento, houve um leigo que tomou a palavra (Ludovico Nogorola), e no Vaticano II outros puderam dirigir a palavra aos bispos reunidos. Embora os casos de pregação de mulheres sejam mais raros, não existe nenhuma objeção de ordem dogmática.

Já em relação à teologia, os leigos conseguiram conservar por mais tempo este direito. Os primeiros grandes teólogos foram leigos: Justino, Tertuliano, Ponteno, Clemente de Alexandria e Orígenes (que só mais tarde recebem a ordenação). Um grande número de teólogos começou o seu trabalho ainda como leigos (e alguns foram ordenados contra a vontade): Cipriano, Basílio, Gregório de Nazianzo, Jerônimo, Agostinho etc. Na Idade Média, surgiram alguns teólogos leigos isolados, como Raimundo Lullo e Henrique VIII.

No Ocidente foi necessário esperar pela emergência da Idade Moderna para que surgissem leigos em contato com a teologia. Enea Silvio Piccolomini, mais tarde Pio II, era teólogo leigo por ocasião do Concílio de Basileia. Na época da Reforma, os católicos que se destacaram no incentivo à renovação da Igreja eram leigos: Gaspar Contarini; Reginaldo Pole e Marcelo Cervini (futuro papa Marcelo II). De leigos passaram a cardeais, sendo que os dois últimos presidiram o Concílio de Trento.

Nos últimos séculos, de Pascal a de Maistre, os leigos se destacam na reflexão teológica. Mas só no século XX retomam a autoridade de teólogos, a ponto de se lhes abrirem as portas dos seminários e das faculdades de teologia.

No Brasil, o esforço teológico dos leigos esteve localizado sobretudo no Centro Dom Vital, no Rio, e na Ação Católica. No momento em que tanto um quanto outro começaram a tirar de suas reflexões consequências práticas de ordem pastoral, não resistiram à pressão da hierarquia. Acostumada a não ser contestada em base a seus próprios argumentos, a hierarquia contribuiu para que os militantes leigos, que se afirmavam como portadores de uma renovada reflexão teológica, perdessem seus meios de influência na comunidade católica, e mesmo na opinião pública nacional.

Assim, hoje colégios e universidades católicas são instrumentos eficazes de evangelização? O fato de terem em seu currículo (como matéria obrigatória!) aulas de religião ou teológica não significa que estejam cumprindo a missão a que se destinam. A obrigatoriedade desta matéria pode representar, para a maioria dos alunos desprovidos de motivação cristã, um peso, do qual ao fim do curso estarão livres – com o sério risco de descartarem também sua vivência cristã. Por outro lado, não basta ao êxito da evangelização um ensino ortodoxamente renovado. Todo um contexto deve influir no despertar da fé cristã entre os jovens. Se os padres e as religiosas não fazem coincidir seu testemunho com sua pregação, dificilmente escaparão à acusação de manterem uma empresa economicamente bem organizada à sombra de Jesus Cristo crucificado.

Para São Paulo, o evangelizador por excelência, o anúncio do Evangelho era sinônimo da cruz de Cristo. E procurava fazê-lo sem recorrer à sabedoria da linguagem (1 *Coríntios* 1,17). "Onde está o sábio? Onde o letrado? Onde o pesquisador das coisas deste século? Não transformou Deus a sabedoria deste mundo em loucura? "(1 *Coríntios* 1,20). Por isso, após fracassar em Atenas, Paulo desiste de querer fundamentar a sua pregação na sabedoria do homem. "Quanto a mim, irmão, quando fui ter convosco, não fui anunciar-vos o mistério de Deus com o prestígio da elegância ou da sabedoria. Nada quis saber entre vós senão Jesus Cristo, e Jesus Cristo crucificado" (2,1-2). Queria que sua evangelização fosse fruto do poder de Deus que se manifestava na fragilidade de seu testemunho: "Minha palavra e pregação não consistiram em discursos persuasivos de sabedoria, mas em demonstração do Espírito e do poder divino, para que a vossa fé não se apoiasse na sabedoria dos homens, mas no poder de Deus" (4-5).

Assim como hoje a Igreja é capaz de abandonar tantas coisas que se tornaram, não apenas inúteis, mas até prejudiciais ao exercício de sua missão (como a batina dos padres e o hábito das religiosas, o latim como língua litúrgica, o jejum eucarístico, a tonsura do clero, o diaconato restrito aos celibatários, a paróquia como único centro de uma comunidade cristã, a insistência à devoção aos santos, a tiara papal e a reclusão do papa a Roma etc.), outros instrumentos devem ser abandonados à medida que perdem sua força de fermento evangélico no mundo atual. Jesus Cristo crucificado talvez seja mais transparente aos nossos contemporâneos pela vida pobre e humilde dos irmãozinhos de Foucauld do que pela solene entoação do canto gregoriano em uma abadia beneditina; pela reflexão despretensiosa de um círculo bíblico operário do que pela erudita conferência de um teólogo dominicano; pelas religiosas vivendo em pequenas comunidades na periferia do que por aqueles que ainda conseguem abrigar seu voto de pobreza em imponentes construções de ensino; pelo calor da amizade de um bispo que recebe o pobre como irmão do que pelos sermões apocalípticos de um arcebispo; pela comunidade que sofre perseguição do que pelos cristãos acólitos dos poderosos.

* * *

Consequências políticas da fé libertadora

A fé é o dom de Deus vivido na condição humana. "Vem pelos ouvidos", diz São Paulo. Na vida eterna, já não haverá necessidade de fé: teremos o que esperamos, veremos o que agora cremos (*Carta de São Pedro*). Portanto, a adesão da inteligência à fé supõe encarnação, ou seja, a existência do sujeito histórico.

Este sujeito histórico não é um ser abstrato. É um ser humano situado geográfica e historicamente em dada formação social. A fé de um cristão romano, no século II, não se articulava do mesmo modo que a fé de um cristão do século XXI no Iraque ou na África do Sul. Os diferentes credos ao longo da história da Igreja o demonstram. O próprio *Magnificat* expressa o contexto político em que Maria vivia e no qual se manifestou o conteúdo de sua fé. Não houvesse a esperança de restauração da realeza davídica, a mãe do Senhor não teria cantado louvores de libertação. Seu hino revela que naquelas circunstâncias havia uma contradição social entre os poderosos que ocupavam os tronos e a submissão do povo humilde; entre os ricos dotados de abundâncias e os pobres de mãos vazias. A Boa-nova é o prenúncio de que tal situação será invertida. O Senhor virá para fazer justiça a seu povo.

Portanto, a fé não é politicamente neutra. Nem enquanto encarnada no cristão que a expressa, nem na sua formulação doutrinária. Não cremos num deus abstrato, e sim no Deus que historicamente se revela na Aliança com o seu povo e na prática libertadora de seu filho Jesus. Crer não é um mero impulso da imaginação rumo a símbolos inadequados e incompreensíveis que traduzem nossa religiosidade e a nutrem. É um ato de inteligência. Cremos em uma direção, em um Deus que se encarna, morre assassinado na cruz e ressuscita, assegurando-nos a vitória das forças da vida sobre as forças da morte.

No Novo Testamento a fé nos coloca diante de Jesus. Ela é intrínseca à própria conversão.

A fé supõe uma decisão pessoal. Não é ato privado. Somos interpelados por Cristo (*João* 6,67-68; *Mateus* 16,13-19). Hoje, na América Latina, ele nos interpela através da situação oprimida dos pobres (*Mateus* 23) e do clamor dos que têm fome e sede de justiça. Esta nossa decisão não é de uma vez para sempre. Deve ser retomada a cada nova etapa da vida.

Nossa fé se confirma diante dos sinais que se cumprem (*João* 2,23; 20,8). Quem vê Jesus, vê o Pai (*João* 14,9), e reconhecemos Jesus nos seus sinais de libertação. Em Jesus, a verdade se conhece pela prática libertadora (*João* 5,36; 10,38).

* * *

Chocolate de Páscoa

Páscoa cheira a chocolate, que tem sabor de aconchego; agasalha por dentro. Criança, ao lado de meus irmãos eu procurava os ovos que meus pais escondiam entre plantas do jardim de casa. A busca ansiosa era compensada pela alegria de encontrá-los, abri-los e deliciar-nos com as surpresas recendendo a baunilha.

Ovo é Eva, e ave é vida. Remete-nos ao átomo primordial do Big Bang, aos arcos que desenham o perfil do Universo, às aves que ali perpetuam a espécie. À luz do desafio de Colombo, ovo é mistério, e, segundo Jung, simboliza utopia.

Os olhos não veem o que ele encerra. Mas acreditamos que lá dentro pulsa o germe da vida. Ovo é Páscoa. No mistério do Crucificado irrompe o Ressuscitado. Só a fé o desvela.

Páscoa é travessia. Na vida pessoal e social. Às vezes, fica a impressão de que permanecemos na margem de cá do rio. Somos tomados pelo desalento nessa sociedade em que tudo parece girar em torno de valores pecuniários.

Caráter, dignidade, solidariedade soam como evocações míticas que estorvam o frenesi suscitado pelo carrossel do ter, do poder e do prazer.

Faz outono também em nossos corações. Como se a roda do tempo girasse ao contrário e nos transportasse ao cenário grego. A história acabou, a aventura humana sucede em movimentos cíclicos, os deuses decidem nossos destinos inelutáveis.

Não adianta reclamar, protestar, indignar-se. O Olimpo é mais poderoso que as nossas intenções prometeicas. Agora é ele que nos arrebata o fogo das decisões. Tateamos, inseguros, em plena escuridão.

Lembram quando, à procura de esperança, corríamos pelo jardim de flores esmagadas pelas botas? Demos o melhor de nós mesmos, apoiamos os trabalhadores em greve, engrossamos as manifestações pela anistia, inundamos ruas e praças de sopro democrático.

Nossa esperança foi abortada com a morte inesperada do primeiro presidente civil após anos de "direita volver!" Desacostumados à liberdade, muitos foram seduzidos pelo canto da "sereia collorida" e, na primeira oportunidade, elegeram um vigarista supondo que se tratava de um estadista. Novo vice de plantão e, enfim, eis o príncipe dos sociólogos, vítima do arbítrio, no comando do país.

Quase duas décadas depois, como tudo mudou para ficar no mesmo! Percorremos todos os recantos do jardim e, em vez de ovos, encontramos balas que não são de mascar, são de matar. A terra é regada com o sangue de agricultores que clamam por justiça. Das rosas, restam os espinhos: a saúde agoniza, a educação é sucateada, o desemprego se alastra.

Assistimos perplexos ao desfile dos fantasmas da ópera: corruptos intocáveis, torturadores promovidos, enquanto anões se agigantam na reforma ministerial e a Justiça é entregue a quem fecha o último nódulo em proveito de seus interesses pessoais.

A vitória da vida sobre a morte perdura no horizonte da fé como uma esperança para o Brasil. Aqui, o Ressuscitado ainda prolonga sua sexta-feira da paixão, crucificado em corpos e mentes que nunca provaram o sabor do chocolate.

* * *

Querido Jesus

Parabéns! Hoje, Natal, é o dia do teu aniversário. Em ti, Deus irrompeu na história. Quebrou para sempre a distância que havia entre as criaturas e o Criador. Revelou-nos que fora do amor não há salvação.

Passaram-se mais de dois mil anos desde teu Natal – numa aldeia perdida da Palestina, num pasto, repousado num cocho, numa família sem teto. Adulto, provaste que a lei escraviza e o amor liberta; exaltaste a sagrada dignidade de todo ser humano: ensinaste que a vida é o dom maior de Deus; e condenaste os que fazem do poder opressão.

Acolheste em compaixão os pecadores, alertaste para os perigos da riqueza e anunciaste um reino – o de Deus – que contrariava o de César. E proclamaste como bem-aventurados os que têm fome e sede de justiça.

Hoje, Jesus, ocorrem coisas que talvez te incomodem. Em teu nome, os cristãos dividem-se em confissões religiosas – que, além de professarem doutrinas diferentes, agora são concorrentes. Uns acusam os outros de idólatras ou hereges, cismáticos ou adeptos de seitas. Se uma Igreja se arvora em dona da verdade, a outra se julga a única verdadeira intérprete de tua palavra.

Até guerras, com práticas terroristas, ocorrem entre cristãos. Em teu nome igrejas possuem bancos, aprovam a pena de morte, calam-se diante dos que produzem e comercializam armas. Olvida-se que Tu nos pedias algo bem diferente: amar o próximo, defender o direito dos pobres, derrubar os sepulcros caiados, desmascarar a raça de víboras e fazer justiça aos excluídos.

Mais de dois milênios após teu Natal, o mundo em que vivemos contraria teu Evangelho. Ensinaste a solidariedade; hoje, exalta-se como valor normativo a competitividade. Advertiste que não se pode servir a Deus e ao dinheiro; hoje, entre os teus ministros, há os que extorquem os pobres e os tratam com um misto de desconfiança e medo, enquanto recebem os ricos com mesuras e salamaleques.

"Vim para que a minha alegria esteja em vós e a vossa alegria seja completa", disseste. Quanta carranca e quanto mau humor há em alguns de teus ministros! Com que arrogância conduzem a Igreja, sem espírito de colegialidade, sem diálogo com os fiéis, sem transparência no que concerne ao dinheiro! Disputam um palmo de procedência nos altares e preferem as leis canônicas ao espírito do teu Evangelho.

Contudo há os que servem com destemor os mais pobres, não temem o carisma da profecia, fazem-se servos dos servos de Deus e, com espírito ecumênico, acreditam que teu Pai ama indistintamente crente e incrédulos.

Vi um catequista repreender uma menina que declarara serem seis os sacramentos. A pequena catecúmena explicou-se: "Seis para nós, mulheres, que não podemos ser ordenadas padres". Conheci homens, como dom Timóteo Amoroso, que receberam os sete, seja porque, como ele, tornaram-se sacerdotes após enviuvar, seja por deixarem o ministério para contrair matrimônio.

Será mesmo que tu querias as mulheres para sempre excluídas do sacerdócio? Querias os sacerdotes celibatários? Então, por que tua mãe, Maria, tem preeminência sobre todos os que acolheram tua mensagem? Por que escolheste um homem casado, Pedro, para ser a pedra fundamental de tua Igreja?

Precisas ver o que temos feito com esta Terra, na qual teu Pai criou vida – e vida inteligente! Nossa ambição de lucro polui rios e mares, queima florestas, exaure o solo, resseca mananciais, extingue espécies marítimas, aéreas e terrestres, altera os ciclos das estações e envenena a atmosfera.

Gaia se vinga, cancerizando-nos, reduzindo as defesas de nosso organismo, castigando-nos com a fúria de seus tornados, tufões, furacões, terremotos, com frio e calor intensos.

Para que a tua palavra ressoe ente nós, como é importante comemorar bem o teu Natal! Aliás, onde renasces? Nas lojas abarrotadas de mercadorias, que aguçam o desejo e não saciam o espírito? Nas ceias fartas de comidas e bebidas, que empanturram o corpo e deixam a alma faminta de amor?

Desconfio que Tu renasces sobretudo nas crianças obrigadas pela miséria ao trabalho precoce; nos encarcerados esquecidos pela justiça; nos enfermos ignorados pelos serviços de saúde; nas famílias que se recordam de ti com orações e louvores; entre os povos indígenas, que desvelam a presença de teu Pai no rumor dos ventos e no brilho cristalino das águas dos rios.

Sei que queres renascer no presépio de nossos corações. Como se parecem com a hospedaria de Belém, sem lugar para o teu Natal! Há muito entulho ali dentro: ambições mesquinhas, mágoas antigas, ressentimentos, vaidades. Como encontrar lugar para ti se somos incapazes de não só dar presentes, mas fazer-nos presentes junto dos que foram colocados fora da cidade, como tu? Como adorar-te, à semelhança dos reis magos, se cobiçamos guardar o ouro e incensar o deus dinheiro?

Senhor, neste teu Natal, dê-nos um presente – faça como os sem-terra: invada o nosso coração, arrebente a cerca de nosso egoísmo e plante no solo de nossas vidas as sementes de tua Boa-nova. Ocupa-o por inteiro, de modo a experimentarmos na fé a tua presença terna e eterna.

* * *

E agora, José?

São José merece duas festas no Ano Litúrgico: 19 ou 20 de março, dependendo do lugar, e 1º de maio, celebração de São José Operário. Pouco se sabe do homem que criou Jesus. Evangelhos e textos apócrifos registram que ele exercia a profissão de operário da construção civil, era viúvo e pai de vários filhos antes de se unir a Maria.

No português, seu ofício foi resumido para carpinteiro. Ora, José não trabalhava apenas com madeira. Também com cantaria, pedras. Sabia construir uma casa feita dos dois materiais.

Há indícios de que José trabalhou em Séforis, antiga capital da Galileia, distante a apenas 7km de Nazaré, onde morava. Talvez tenha também participado da edificação da nova capital, Tiberíades, às margens do lago de Genesaré. Foi construída por ordem do governador Herodes Antipas, o mesmo que degolou João Batista e a quem Jesus qualificou de "raposa" (*Lucas* 13,32). Recebeu o nome de Tiberíades em homenagem ao imperador Tibério César, sob cujo reinado Jesus nasceu, viveu e morreu executado na cruz.

Detalhe curioso é que os evangelhos registram o périplo de Jesus e seus discípulos por cidades e povoados às margens do lago também conhecido como Mar da Galileia, e nenhuma vez se noticia que Ele teria entrado em Tiberíades. No entanto, esteve várias vezes em cidades muito próximas, como Cafarnaum e Magdala. Supõe-se que rejeitava a cidade por ter, quando jovem, ajudado seu pai nas edificações suntuosas da nova capital.

De José, sabemos que namorou Maria, que apareceu grávida quando ainda não se haviam casado. E agora, José? Foi sofrido para ele suportar tamanha surpresa. Poderia tê-la denunciado por adultério. Se o fizesse, Maria não teria como se defender. Tal direito era negado às mulheres, e ela poderia receber sentença de morte por apedrejamento como a adúltera cuja vida Jesus salvou no momento extremo (*João* 8,1-11).

Por amor a Maria, José preferiu abandoná-la. Porém, Deus o fez entender, na fé, que a gravidez era obra do Espírito Santo.

Deus entrou na história humana pela porta dos fundos. Escolheu uma simples camponesa e um operário como sua família. Habitavam uma aldeia tão insignificante, Nazaré, que jamais é citada no Antigo Testamento. Não abrigava mais de 400 habitantes.

José descendia "da casa de Davi" (*Lucas* 1,27), ou seja, tinha família em Belém. Segundo os relatos evangélicos, um recenseamento o fez subir de Nazaré a Belém para ali se inscrever.

Seus familiares o rejeitaram. Como aceitá-lo, se não estava casado conforme as leis judaicas e se fazia acompanhar por uma jovem grávida?

Na iminência do parto, o casal buscou abrigo ao ocupar uma propriedade rural. Tomou uma choça como casa e um cocho como berço, cercado de animais e estrume.

Deus se insere na história humana pela via dos oprimidos. Não conhecemos a reação do dono da propriedade, se fez vista grossa ou se deixou de enxotar o casal ao constatar que a moça tinha o ventre muito dilatado.

Ali nasceu Jesus, como hoje nascem crianças em acampamentos de sem-terra, campos de refugiados, abrigos de moradores de rua, prisões e localidades bombardeadas pela guerra.

O rei Herodes, que governava a Palestina, conhecia a profecia de Isaías de que o Messias, esperado pelos judeus, haveria de nascer em Belém. E chegou-lhe aos ouvidos que isso acabara de ocorrer. Tratou de enviar uma tropa a Belém e, segundo o evangelista Mateus, todos os bebês da cidade de Davi foram passados ao fio da espada. Contudo, José e Maria já haviam partido com o menino para o exílio no Egito, de onde retornaram após a morte de Herodes.

Sem exageros, a Jesus, Deus feito homem no qual nós cristãos cremos e procuramos seguir, se aplicam atributos que envergonham abastados e presunçosos: filho de uma suposta adúltera; de um casal de trabalhadores manuais; de vítimas da tirania; de excluídos do núcleo familiar; de refugiados e exilados.

Alguma dúvida de que Deus, como enfatiza o papa Francisco, fez opção pelos condenados da Terra?

* * *

Decretos de Natal

Fica decretado que, no Natal, em vez de dar presentes, nos faremos presentes junto aos famintos, carentes e excluídos. Papai Noel que nos desculpe mas, lacradas as chaminés, abriremos corações e portas à chegada salvífica do Menino Jesus.

Por trazer a muitos mais constrangimentos que alegrias, fica decretado que o Natal não mais nos travestirá no que não somos: em pleno verão, arrancaremos da árvore de Natal todos os algodões de falsas neves; trocaremos nozes e castanhas por frutas tropicais; renas e trenós por carroças repletas de alimentos não perecíveis; e se algum Papai Noel sobrar por aí, que apareça de bermuda e chinelo.

Fica decretado que, cartas de crianças, só as endereçadas ao Menino Jesus, como a do Pedrinho, que escreveu convencido de que Caim e Abel não teriam brigado se dormissem em quartos separados; propôs ao Criador ninguém mais nascer nem morrer, e todos nós vivermos para sempre; e, ao ver o presépio, prometeu enviar seu agasalho ao filho desnudo de Maria e José.

Fica decretado que as crianças, em vez de brinquedos e bolas, pedirão bênçãos e graças, abrindo seus corações para destinar aos pobres todo o supérfluo que entulha armários e gavetas. A sobra de um é a necessidade de outro, e quem reparte bens partilha Deus.

Fica decretado que pelo menos um dia desligaremos toda a parafernália eletrônica, inclusive o telefone celular e, recolhidos, faremos uma viagem ao interior de nosso espírito, lá onde habita Aquele que, distinto de nós, funda a nossa verdadeira identidade. Entregues à meditação, fecharemos os olhos para ver melhor.

Fica decretado que, despidas de pudores, as famílias farão ao menos um momento de oração, lerão um texto bíblico, agradecerão ao Pai e Mãe de Amor o dom da vida, as alegrias do ano que finda, e até dores que exacerbam a emoção sem que se possa entender com a razão. Finita, a vida é um rio que sabe ter o mar como destino, mas jamais quantas curvas, cachoeiras e pedras haverá de encontrar em seu percurso.

Fica decretado que arrancaremos a espada das mãos de Herodes e nenhuma criança será mais surrada ou humilhada, nem condenada ao trabalho precoce e à violência sexual. Todas terão direito à ternura e à alegria, à saúde e à escola, ao pão e à paz, ao sonho e à beleza.

Como Deus não tem religião, fica decretado que nenhum fiel considerará a sua mais perfeita que a do outro, nem fará rastejar a sua língua, qual serpente venenosa, nas trilhas da injúria e da perfídia. O Menino do presépio veio para todos, indistintamente, e não há como professar que é "Pai Nosso" se o pão também não for nosso, mas privilégio da minoria abastada.

Fica decretado que toda dieta se reverterá em benefício do prato vazio de quem tem fome, e que ninguém dará ao outro um presente embrulhado em bajulação ou escusas intenções. O tempo gasto em fazer laços seja muito inferior ao dedicado a dar abraços.

Fica decretado que as mesas de Natal estarão cobertas de afeto e, dispostos a renascer com o Menino, trataremos de sepultar iras e invejas, amarguras e ambições desmedidas, para que o nosso coração seja acolhedor como a manjedoura de Belém.

Fica decretado que, como os reis magos, daremos todos um voto de confiança à esperança, para que ela conduza este país a dias melhores. Não buscaremos o nosso próprio interesse, mas o da maioria, sobretudo dos que, à semelhança de José e Maria, foram excluídos da cidade e, como uma família sem-terra, obrigados a ocupar um pasto, onde nasceu Aquele que, segundo sua mãe, "despediu os ricos com as mãos vazias e encheu de bens os famintos" e, no *Sermão da Montanha*, exaltou como "bem-aventurados os que têm fome e sede de justiça".

* * *

Entrar no Ano-novo

Inicia-se mais um ano. Hora de relembrar, examinar, avaliar. E fazer propósitos para os próximos doze meses: comer menos, fazer exercícios, ser mais generoso, esbanjar elogios... Dentro do coração latejam anseios de vida e mundo melhores. Como alcançá-los?

Quem sou eu para dar conselhos! Conheço o tamanho de minhas falhas, a dimensão de meus erros. Nem por isso deixo de partilhar com os leitores meia dúzia de opiniões que, se carecem de fundamento, ao menos aquecem o debate.

Saudade. Vocábulo português sem similar em muitos idiomas. De que temos saudades? Do amor perdido? Da infância feliz? Do parente falecido? Sim, mas sobretudo de nós mesmos.

Talvez o fim e o início do ano sejam os momentos em que mais aflora a disposição de fazer exame de consciência. Saudade de estar exilado do que realmente sou. Tem saudade de si quem anda exilado do que realmente é. Corre-se o risco de ter como epitáfio o verso de Fernando Pessoa: "Fui o que não sou". Não quero ser o que não sou. Mas admito a pertinência das palavras do apóstolo Paulo: "Faço o que não aprovo; pois o que aprovo não faço" (*Carta aos Romanos* 7,15)

É hora de pagar o nosso resgate. Livrar-nos da condição de refém insatisfeito de nossos próprios vícios e incoerências. Resgatar-se é empreender árdua jornada rumo à própria interioridade. Não apenas como fez De Maistre dentro do próprio quarto. Mas ir aonde reside a verdadeira identidade – ao mais profundo de si.

Como fazê-lo? O processo psicanalítico é, nesse caso, de grande valia. Entretanto, implica recursos nem sempre ao alcance de todos. Faço, pois, singela proposta: meditar. Eis um caminho viável a todos. Bastam disposição e tempo. Vontade e método.

Lido há anos com grupos de oração. Com eles aprendo lições importantes concernentes à meditação. Não existe um único método. São tantos quantos os meditantes. Cada pessoa deve descobrir e desenvolver o método que lhe convém: sentado ou andando, de olhos fechados ou entreabertos, ao acordar ou no fim da tarde, em silêncio ou ao som de uma suave melodia, concentrado no mantra ou na respiração etc.

Um detalhe é importante: reservar tempo à meditação, assim como se faz à refeição, ao sono e ao banho. Sem criar na agenda espaço específico para isso, fica difícil.

É preciso ter disposição. Saber "perder tempo". Livrar-se da ideia utilitarista de que "tempo é dinheiro". Mergulhar, por um momento, no saudável espaço da ociosidade espiritual. Disposição significa disciplina. Não se medita sem se dar tempo.

Aos iniciantes recomenda-se marcar no relógio um tempo mínimo de meditação. Sugiro 20 minutos. Enquanto o despertador não soar, não mude a postura escolhida para meditar. Aos poucos, aumenta-se o tempo, na mesma proporção que se consegue esvaziar a mente e centrar a atenção no plexo solar, embebendo-o da presença inefável de Deus. Ou do Vazio.

O que fazer para melhorar o mundo? Há pequenos gestos, como observar normas de lixo seletivo, economizar água e energia, plantar árvores e defender a preservação do meio ambiente. Há gestos mais amplos, como associar-se a um esforço comunitário, seja em igreja, sindicato, clube, ONG ou iniciativa voltada à responsabilidade social. Vínculos de solidariedade se estreitam através de trabalhos voluntários, lutas partidárias, pressões sobre o poder público ou denúncias de abusos de empresas, como anúncios lesivos às crianças ou produtos com altas doses de substâncias prejudiciais à saúde, como embutidos, transgênicos e placas de amianto. O mundo é o que dele fazemos. E nele interferimos por participação ou omissão. Não existe neutralidade. Isso vale para a nossa saúde pessoal e coletiva. A indiferença não faz a diferença.

* * *

Flexões da subjetividade

As quaresmeiras, naturais da Mata Atlântica, florescem nesta época do ano. Lindas e tristes, as flores roxas, delicadas, se assemelham a miçangas de um colar inconsútil. Florescem em copas, sombreando espaços.

Nos quarenta dias prévios à Páscoa, a fé cristã celebra, antecipadamente, a vitória da vida sobre a morte, da justiça sobre a injustiça. A ressurreição é experimentada por cada um de nós, a cada manhã, ao despertar. Vindos da inércia e da inconsciência, da perda de si no sono, súbito revivemos! E na curva final da existência, proclama a fé, desponta a eterna benquerença.

Tempo de inflexão e reflexão. De que vale abster-se de carnes se os peixes nos enchem a pança? Sacrifício significa ofício de cultuar o sagrado. Não propriamente Deus, que se basta, e sim nós humanos, ossos revestidos de carne, o que há de mais sagrado. Feitos de pó cósmico, de partículas elementares consubstanciadas em átomos, congregadas em moléculas, revitalizadas em células. Quarenta trilhões de células em um corpo humano. Umas, revestidas de seda pura, fragrâncias raras e joias preciosas. Outras estiradas nas calçadas, fétidas, famélicas, entorpecidas pela química da suposta fuga. Não por culpa da natureza, e sim da ganância de uns que se apropriam do que, por direito, pertence a todos.

Jejuar, mas não de alimentos nessa era de dietas anoréxicas que não transferem ao prato alheio o que se priva no próprio. Valem os jejuns da maledicência, da ira gratuita, da empáfia autoritária, do preconceito arrogante, da discriminação insultuosa. Jejuar do monólogo solipsista no celular e dar atenção ao diálogo com o próximo. Abster-se do apego ao poder, da ambição de riquezas, da soberba que induz uns a se julgarem superiores a outros.

Vale abster-se da indiferença e abraçar causas solidárias. Deixar de praguejar contra o mundo e tratar de transformá-lo. Esperar mais de si do que dos outros. Poupar críticas aos efeitos e denunciar as causas. Evitar o pessimismo da razão e alentar o otimismo da vontade. Ousar converter o protesto em proposta. Abandonar a zona de conforto e enturmar-se com aqueles que se mobilizam por ideais altruístas.

Tempo de penitência. Descer do pedestal e admitir os graves pecados contra a natureza: poluição dos ares, contaminação das águas, agrotoxização dos alimentos. Combater a corrupção em doses cínicas, pois enquanto se torce pela higienização da política, emporcalha-se o varejo com a sonegação de impostos, o furto de objetos no local de trabalho, o salário injusto pago à faxineira, a propina ao guarda de trânsito, as maracutaias que engordam o lucro pessoal e lesam a coletividade.

Tempo de refluir à interioridade. Dedicar-se às flexões da subjetividade. Trilhar sendas espirituais. Extirpar as gorduras da alma. Arrancar a trave do próprio olho antes de apontar o cisco no olho alheio. Cuspir camelos que entopem o coração antes de vociferar perante a quem engole mosquitos.

Ah, como é cômodo ser juiz do mundo e proferir duras sentenças condenatórias! Fácil apontar o suposto criminoso, clamar por mais repressão e cadeias, lamentar pelas vítimas de balas supostamente perdidas... Difícil é erradicar as causas da criminalidade, educar as novas gerações, ampliar a oferta de empregos aos jovens. Fácil identificar os maus políticos, difícil é abandonar a postura de juiz implacável para inovar a política.

Em tempo de Quaresma há de ter presente que o pior pecado não é o da transgressão, é o da omissão. Graças a ele proliferam tantas transgressões imunes e impunes.

* * *

Vitória sobre o anjo

Sei o que experimentou Jacó ao duelar com o anjo. Enfrentei-o quando me faltou chão aos pés e, no horizonte, o Sol se apagou aos meus olhos. A escuridão invadiu-me, devorou-me a razão e, logo, todo o meu ser. Por fim, dragão insaciável, tragou-me a identidade.

Mergulhado na noite, exilei-me em dúvidas. No início, senti-me sugado pelo abismo. Tudo em volta se volatilizou. Entrei em queda livre num poço sem fundo. Todas as minhas certezas se evaporaram, meu mapa converteu a geografia em hermético labirinto, minhas crenças professaram a negação de toda fé. Cego, viajei em espiral alucinada, acorrentado à desrazão da insensatez. Sufocava-me o afluxo da vida em despropósito. Náufrago em um oceano vazio, ocupei o lugar de Jonas no ventre da baleia.

Não há sofrimento maior do que perder-se de si torturado pelo esplendor da lucidez. Quem me dera que, naquela noite escura, fosse eu tomado pela sadia loucura dos atropelos irreversíveis da mente. Quisera, qual demente, estar fora de mim, sem a consciência do banimento ontológico. E apoiar-me em qualquer uma das referências que até então me haviam servido de marco: um sonho, um encantamento, uma crença. Ao menos um ruído, como o apito do trem que cortava a minha cidade, e ainda hoje me atravessa a nostalgia do coração. Nada me consolava. Havia apenas o caos primordial antes que Javé despertasse de seu sono eterno e, distraído, tropeçasse na ideia de criar o mundo.

Deu-se, então, o início do aprendizado. Primeiro, a consciência de que era preciso fazer a travessia. Jogar-me na correnteza sem a menor noção de quão distante se encontrava a margem oposta. Caminhar rumo ao plexo solar. Desatar os nós. Mergulhar no abismo infindável, atirar-me do trapézio com olhos vendados, empreender a ousada viagem rumo ao nada, apoiado apenas pelo fio de esperança de que o lado de lá me aguarda – não o que chamamos de morte, e sim o que a fé aponta como plenitude da vida.

Caminhei na senda escura com a mente assaltada por fantasmas que nela suscitavam desde as mais pavorosas fantasias ao hedonismo desenfreado. Desprendida da alma, a imaginação cavalgava, alada, o carrossel da luxúria. A razão desalinhou-se, as ideais esvoaçaram, os propósitos atolaram-se na lassidão do espírito fenecido.

Foi preciso ficar de joelhos e, reverente, escutar o silêncio. Como Elias, não aguardar o trovão, o rugir dos ventos, a voracidade flamejante do fogo. Apenas a brisa suave, assim como o navegador, finda a borrasca, recebe contente a chegada da calmaria. Mas isso custa. É inesperado. Para chegar lá, urge amansar leões e conviver, destemido, no ninho das serpentes. E saber perder. Vão-se as ilusões, as máscaras, e aquele outro que insiste em se disfarçar de eu. No fogo do desassombro, todas as falsas verdades são lentamente queimadas. Então, instaura-se a nudez. É a hora da vertigem.

No duelo com o anjo, apenas nesta hora da vertigem me dei conta de que não brotava de mim as forças que me faziam aproximar da terceira margem do rio. Alguém soprava o vento que me impelia adiante. Alguém movia as águas. Essa consciência de que estranha energia me impulsava, sem que eu pudesse identificá-la, tornou-se aguda.

Ao perder de vista a margem que deixara sem, no entanto, vislumbrar a oposta, a queda transmutou-se em ascensão; o abismo, em montanha; a vertigem, em êxtase.

O anjo depôs armas, afastou-se da porta do Éden e deixou que Ele se me apossasse. Fiquei visceralmente apaixonado. Tudo em mim e à minha volta transluzia amor. E nada me atraía mais fortemente do que perder tempo na alcova. Outra coisa eu não pensava nem queria ou desejava do que sentir-me abrasado de amor. As entranhas queimavam; o peito ardia em febre; a mente, calada, observava a razão tragada pela inteligência. Eu me encontrava em alguém fora de mim e que, no entanto, se escondia no recanto mais íntimo do meu ser e, de lá, projetava a sua luz sem se deixar ver ou tocar.

Obras do autor

OBRAS DE FREI BETTO

Edições nacionais

1 – *Cartas da prisão* – 1969-1973. Rio de Janeiro: Agir, 2008 [Essas cartas foram publicadas anteriormente em duas obras: *Cartas da prisão* e *Das catacumbas*. Rio de Janeiro: Civilização Brasileira. *Cartas da prisão*, editada em 1974, teve a 6ª edição lançada em 1976. Nova edição: São Paulo: Companhia das Letras, 2017].

2 – *Das catacumbas*. Rio de Janeiro: Civilização Brasileira, 1976 [3ª ed., 1985]. – Obra esgotada.

3 – *Oração na ação*. Rio de Janeiro: Civilização Brasileira, 1977 [3ª ed., 1979]. – Obra esgotada.

4 – *Natal, a ameaça de um menino pobre*. Petrópolis: Vozes, 1978. – Obra esgotada.

5 – *A semente e o fruto* – Igreja e comunidade. Petrópolis: Vozes [3ª ed., 1981]. – Obra esgotada.

6 – *Diário de Puebla*. Rio de Janeiro: Civilização Brasileira, 1979 [2ª ed., 1979]. – Obra esgotada.

7 – *A vida suspeita do subversivo Raul Parelo* [contos]. Rio de Janeiro: Civilização Brasileira, 1979 (esgotada). Reeditada sob o título de *O aquário negro*. Rio de Janeiro: Difel, 1986. Nova edição do Círculo do Livro, 1990. Em 2009, foi lançada pela Agir nova edição revista e ampliada. Rio de Janeiro. – Obra esgotada.

8 – *Puebla para o povo*. Petrópolis: Vozes, 1979 [4ª ed. 1981]. – Obra esgotada.

9 – *Nicarágua livre, o primeiro passo*. Rio de Janeiro: Civilização Brasileira, 1980. Dez mil exemplares editados em Jornalivro. São Bernardo do Campo: ABCD-Sociedade Cultural, 1981. – Obra esgotada.

10 – *O que é Comunidade Eclesial de Base*. São Paulo: Brasiliense [5ª ed., 1985]. Coedição Abril (São Paulo, 1985) para bancas de revistas e jornais. – Obra esgotada.

11 – *O fermento na massa*. Petrópolis: Vozes, 1981. – Obra esgotada.

12 – *CEBs, rumo à nova sociedade*. São Paulo: Paulinas [2ª ed., 1983]. – Obra esgotada.

13 – *Fogãozinho, culinária em histórias infantis* [com receitas de Maria Stella Libânio Christo]. Rio de Janeiro: Nova Fronteira, 1984 [3ª ed., 1985]. Nova edição da Mercuryo Jovem, São Paulo, 2002 [7ª ed.].

14 – *Fidel e a religião, conversas com Frei Betto*. São Paulo: Brasiliense, 1985 [23ª ed., 1987]. São Paulo: Círculo do Livro, 1989 (esgotada). 3ª edição, ampliada e ilustrada com fotos. São Paulo: Fontanar, 2016.

15 – *Batismo de sangue* – Os dominicanos e a morte de Carlos Marighella. Rio de Janeiro: Civilização Brasileira, 1982 [7ª ed., 1985]. Reeditado pela Bertrand do Brasil (Rio de Janeiro, 1987) [10ª ed., 1991]. São Paulo: Círculo do Livro, 1982. Em 2000 foi lançada a 11ª ed., revista e ampliada – *Batismo de sangue* – A luta clandestina contra a ditadura militar – Dossiês Carlos Marighella e Frei Tito –, pela Casa Amarela, São Paulo. Em 2006 e foi lançada a 14ª ed., revista e ampliada, pela Rocco.

16 – *OSPB* – Introdução à política brasileira. São Paulo: Ática, 1985 [18ª ed., 1993]. – Obra esgotada.

17 – *O dia de Angelo* [romance]. São Paulo: Brasiliense, 1987 [3ª ed., 1987]. São Paulo: Círculo do Livro, 1990. – Obra esgotada.

18 – *Cristianismo & marxismo*. Petrópolis: Vozes [3ª ed., 1988]. – Obra esgotada.

19 – *A proposta de Jesus* – Catecismo popular, vol. I. São Paulo: Ática, 1989 [3ª ed., 1991]. – Obra esgotada.

20 – *A comunidade de fé* – Catecismo popular, vol. II. São Paulo: Ática, 1989 [3ª ed., 1991]. – Obra esgotada.

21 – *Militantes do reino* – Catecismo popular, vol. III. São Paulo: Ática, 1990 [3ª ed., 1991]. – Obra esgotada.

22 – *Viver em comunhão de amor* – Catecismo popular, vol. IV. São Paulo: Ática, 1990 [3ª ed., 1991]. – Obra esgotada.

23 – *Catecismo popular* [versão condensada]. São Paulo: Ática, 1992 [2ª ed., 1994]. – Obra esgotada.

24 – *Lula* – Biografia política de um operário. São Paulo: Estação Liberdade, 1989 [8ª ed., 1989]. • *Lula* – Um operário na Presidência. São Paulo: Casa Amarela, 2003 – Edição revista e atualizada.

25 – *A menina e o elefante* [infantojuvenil]. São Paulo: FTD, 1990 [6ª ed., 1992]. Em 2003, foi lançada nova edição revista pela Editora Mercuryo Jovem, São Paulo [3ª ed.].

26 – *Fome de pão e de beleza*. São Paulo: Siciliano, 1990. – Obra esgotada.

27 – *Uala, o amor* [infantojuvenil]. São Paulo: FTD, 1991 [12ª ed., 2009]. Nova edição, 2016.

28 – *Sinfonia universal* – A cosmovisão de Teilhard de Chardin. São Paulo: Ática, 1997 [5ª ed. revista e ampliada]. A 1ª edição foi editada pelas Letras & Letras, São Paulo, 1992 [3ª ed. 1999]. Petrópolis: Vozes, 2011.

29 – *Alucinado som de tuba* [romance]. São Paulo: Ática, 1993 [20ª ed., 2000].

30 – *Por que eleger Lula presidente da República* [Cartilha popular]. São Bernardo do Campo: FG, 1994. – Obra esgotada.

31 – *O paraíso perdido* – Nos bastidores do socialismo. São Paulo: Geração, 1993 [2ª ed., 1993]. Na edição atualizada, ganhou o título *O paraíso perdido* – Viagens ao mundo socialista. Rio de Janeiro: Rocco, 2015.

32 – *Cotidiano & mistério*. São Paulo: Olho d'Água, 1996 [2ª ed. 2003]. – Obra esgotada.

33 – *A obra do Artista* – Uma visão holística do universo. São Paulo: Ática, 1995 [7ª ed., 2008]. Rio de Janeiro: José Olympio, 2011.

34 – *Comer como um frade* – Divinas receitas para quem sabe por que temos um céu na boca. Rio de Janeiro: Francisco Alves, 1996 [2ª ed., 1997]. Rio de Janeiro: José Olympio, 2003.

35 – *O vencedor* [romance]. São Paulo: Ática, 1996 [15ª ed., 2000].

36 – *Entre todos os homens* [romance]. São Paulo: Ática, 1997 [8ª ed., 2008]. Na edição atualizada, ganhou o título *Um homem chamado Jesus*. Rio de Janeiro: Rocco, 2009.

37 – *Talita abre a porta dos evangelhos*. São Paulo: Moderna, 1998. – E-book.

38 – *A noite em que Jesus nasceu*. Petrópolis: Vozes, 1998. – Obra esgotada.

39 – *Hotel Brasil* [romance policial]. São Paulo: Ática, 1999 [2ª ed., 1999]. Na edição atualizada, ganhou o título *Hotel Brasil* – O mistério das cabeças degoladas. Rio de Janeiro: Rocco, 2010.

40 – *A mula de Balaão*. São Paulo: Salesiana, 2001.

41 – *Os dois irmãos*. São Paulo: Salesiana, 2001.

42 – A *mulher samaritana*. São Paulo: Salesiana, 2001.

43 – *Alfabetto* – Autobiografia escolar. São Paulo: Ática, 2002 [4ª ed.].

44 – *Gosto de uva* – Textos selecionados. Rio de Janeiro: Garamond, 2003. Obra esgotada.

45 – *Típicos tipos* – Coletânea de perfis literários. São Paulo: A Girafa, 2004.

46 – *Saborosa viagem pelo Brasil* – Limonada e sua turma em histórias e receitas a bordo do fogãozinho [com receitas de Maria Stella Libânio Christo]. São Paulo: Mercuryo Jovem, 2004 [2ª ed.].

47 – *Treze contos diabólicos e um angélico*. São Paulo: Planeta do Brasil, 2005.

48 – *A mosca azul – Reflexão sobre o poder*. Rio de Janeiro: Rocco, 2006.

49 – *Calendário do poder*. Rio de Janeiro: Rocco, 2007.

50 – *A arte de semear estrelas*. Rio de Janeiro: Rocco, 2007.

51 – *Diário de Fernando* – Nos cárceres da ditadura militar brasileira. Rio de Janeiro: Rocco, 2009.

52 – *Maricota e o mundo das letras*. São Paulo: Mercuryo/Novo Tempo, 2009.

53 – *Minas do ouro*. Rio de Janeiro: Rocco, 2011.

54 – *Aldeia do silêncio*. Rio de Janeiro: Rocco, 2013.

55 – *O que a vida me ensinou*. São Paulo: Saraiva, 2013.

56 – *Fome de Deus* – Fé e espiritualidade no mundo atual. São Paulo: Paralela, 2013.

57 – *Reinventar a vida*. Petrópolis: Vozes, 2014.

58 – *Começo, meio e fim*. Rio de Janeiro: Rocco, 2014.

59 – *Oito vias para ser feliz*. São Paulo: Planeta, 2014.

60 – *Um Deus muito humano* – Um novo olhar sobre Jesus. São Paulo: Fontanar, 2015.

61 – *Ofício de escrever*. Rio de Janeiro: Rocco, 2017.

62 – *Parábolas de Jesus* – Ética e valores universais. Petrópolis: Vozes, 2017.

63 – *Por uma educação crítica e participativa*. Rio de Janeiro: Rocco, 2018.

64 – *Sexo, orientação sexual e "ideologia de gênero".* Rio de Janeiro: Grupo Emaús, 2018 [Coleção Saber].

65 – *Fé e afeto* – Espiritualidade em tempos de crise. Petrópolis: Vozes, 2019.

66 – *Minha avó e seus mistérios.* Rio de Janeiro: Rocco, 2019.

67 – *O marxismo ainda é útil?* São Paulo: Cortez Editora, 2019.

68 – *O Diabo na corte* – Leitura crítica do Brasil atual. São Paulo: Cortez Editora, 2020.

SOBRE FREI BETTO

Frei Betto: biografia [Prefácio de Fidel Castro] [por Américo Freire e Evanize Sydow]. Rio de Janeiro: Civilização Brasileira, 2016.

Frei Betto e o socialismo pós-ateísta [por Fábio Régio Bento]. Porto Alegre: Nomos Editora e Produtora Ltda., 2018.

Em coautoria

1 – *O canto na fogueira* [com Frei Fernando de Brito e Ivo Lesbaupin]. Petrópolis: Vozes, 1976.

2 – *Ensaios de complexidade* [com Edgar Morin, Leonardo Boff e outros]. Porto Alegre: Sulina, 1977. – Obra esgotada.

3 – *O povo e o papa* – Balanço crítico da visita de João Paulo II ao Brasil [com Leonardo Boff e outros]. Rio de Janeiro: Civilização Brasileira, 1980. – Obra esgotada.

4 – *Desemprego* – Causas e consequências [com Dom Cláudio Hummes, Paulo Singer e Luiz Inácio Lula da Silva]. São Paulo: Paulinas, 1984. – Obra esgotada.

5 – *Sinal de contradição* [com Afonso Borges Filho]. Rio de Janeiro: Espaço e Tempo, 1988. – Obra esgotada

6 – *Essa escola chamada vida* [com Paulo Freire e Ricardo Kotscho]. São Paulo: Ática, 1988 [18ª ed., 2003]. – Obra esgotada.

7 – *Teresa de Jesus*: filha da Igreja, filha do Carmelo [com Frei Cláudio van Belen, Frei Paulo Gollarte, Frei Patrício Sciadini e outros]. São Paulo: Instituto de Espiritualidade Tito Brandsma, 1989. – Obra esgotada.

8 – *O plebiscito de 1993* – Monarquia ou República? Parlamentarismo ou presidencialismo? [com Paulo Vannuchi]. Rio de Janeiro: Iser, 1993. – Obra esgotada.

9 – *Mística e espiritualidade* [com Leonardo Boff]. Rio de Janeiro: Rocco, 1994 [4ª ed., 1999]. Rio de Janeiro: Garamond [6ª ed., revista e ampliada, 2005]. Petrópolis: Vozes, 2009.

10 – *A reforma agrária e a luta do MST* [com VV.AA.]. Petrópolis: Vozes, 1997. – Obra esgotada.

11 – *O desafio ético* [com Eugênio Bucci, Luís Fernando Veríssimo, Jurandir Freire Costa e outros]. Rio de Janeiro/Brasília: Garamond/ Codeplan, 1997 [4ª ed.].

12 – *Direitos mais humanos* [org. por Chico Alencar, com textos de Frei Betto, Nilton Bonder, Dom Pedro Casaldáliga, Luiz Eduardo Soares e outros]. Rio de Janeiro: Garamond, 1998.

13 – *Carlos Marighella* – O homem por trás do mito [coletânea de artigos org. por Cristiane Nova e Jorge Nóvoa]. São Paulo: Unesp, 1999. – Obra esgotada.

14 – *7 pecados do capital* [coletânea de artigos org. por Emir Sader]. Rio de Janeiro: Record, 1999. – Obra esgotada.

15 – *Nossa paixão era inventar um novo tempo* – 34 depoimentos de personalidades sobre a resistência à ditadura militar [org. de Daniel Souza e Gilmar Chaves]. Rio de Janeiro: Rosa dos Tempos, 1999. – Obra esgotada.

16 – *Valores de uma prática militante* [com Leonardo Boff e Ademar Bogo]. São Paulo: Consulta Popular, 2000 [Cartilha n. 09]. – Obra esgotada.

17 – *Brasil 500 Anos*: trajetórias, identidades e destinos. Vitória da Conquista: Uesb, 2000 [Série Aulas Magnas]. – Obra esgotada.

18 – *Quem está escrevendo o futuro?* – 25 textos para o século XXI [coletânea de artigos org. por Washington Araújo]. Brasília: Letraviva, 2000. – Obra esgotada.

19 – *Contraversões* – Civilização ou barbárie na virada do século [em parceria com Emir Sader]. São Paulo: Boitempo, 2000. – Obra esgotada.

20 – *O indivíduo no socialismo* [com Leandro Konder]. São Paulo: Fundação Perseu Abramo, 2000. – Obra esgotada.

21 – *O Decálogo* [contos] [com Carlos Nejar, Moacyr Scliar, Ivan Angelo, Luiz Vilela, José Roberto Torero e outros]. São Paulo: Nova Alexandria, 2000 – Obra esgotada.

22 – *As tarefas revolucionárias da juventude* [reunindo também textos de Fidel Castro e Lênin]. São Paulo: Expressão Popular, 2000. – Obra esgotada.

23 – *Estreitos nós* – Lembranças de um semeador de utopias [com Zuenir Ventura, Chico Buarque, Maria da Conceição Tavares e outros]. Rio de Janeiro: Garamond, 2001. – Obra esgotada.

24 – *Diálogos criativos* [em parceria com Domenico de Masi e José Ernesto Bologna]. São Paulo: DeLeitura, 2002. Rio de Janeiro: Sextante, 2006.

25 – *Democracia e construção do público no pensamento educacional brasileiro* [org. de Osmar Fávero e Giovanni Semeraro]. Petrópolis: Vozes, 2002. – Obra esgotada.

26 – *Por que nós, brasileiros, dizemos não à guerra* [em parceria com Ana Maria Machado, Joel Birman, Ricardo Setti e outros]. São Paulo: Planeta, 2003.

27 – *Fé e política* – Fundamentos. Pedro A. Ribeiro de Oliveira (org.) com Leonardo Boff, Frei Betto, Paulo F.C. Andrade, Clodovis Boff e outros. Aparecida-SP: Ideias e Letras, 2004.

28 – *A paz como caminho* [com José Hermógenes de Andrade, Pierre Weil, Jean-Yves Leloup, Leonardo Boff, Cristovam Buarque e outros] [coletânea de textos org. por Dulce Magalhães, apresentados no Festival Mundial da Paz]. Rio de Janeiro: Qualitymark, 2006.

29 – *Lições de gramática para quem gosta de literatura* [com Moacyr Scliar, Luís Fernando Veríssimo, Paulo Leminsky, Rachel de Queiroz, Ignácio de Loyola Brandão e outros]. São Paulo: Panda Books, 2007.

30 – *Sobre a esperança* – Diálogo [com Mario Sergio Cortella]. São Paulo: Papirus, 2007.

31 – *40 olhares sobre os 40 anos da Pedagogia do oprimido* [com Mario Sergio Cortella, Sérgio Haddad, Leonardo Boff Rubem Alves e outros]. Instituto Paulo Freire, 30/10/2008.

32 – *Dom Cappio*: rio e povo [com Aziz Ab'Sáber, José Comblin, Leonardo Boff e outros]. São Paulo: Centro de Estudos Bíblicos, 2008.

33 – *O amor fecunda o universo* – Ecologia e espiritualidade [com Marcelo Barros]. Rio de Janeiro: Agir, 2009. – Obra esgotada.

34 – *O parapitinga Rio São Francisco* [fotos de José Caldas, com Walter Firmo, Fernando Gabeira, Murilo Carvalho e outros]. Rio de Janeiro: Casa da Palavra.

35 – *Conversa sobre a fé e a ciência* [com Marcelo Gleiser]. Rio de Janeiro: Agir, 2011.

36 – *Bartolomeu Campos de Queirós* – Uma inquietude encantadora [com Ana Maria Machado, João Paulo Cunha, José Castello, Marina Colasanti, Carlos Herculano Lopes e outros]. São Paulo: Moderna, 2012. – Obra esgotada.

37 – *Belo Horizonte* – 24 autores [com Affonso Romano de Sant'Anna, Fernando Brant, Jussara de Queiroz e outros]. Belo Horizonte: Mazza.

38 – *Dom Angélico Sândalo Bernardino* – Bispo profeta dos pobres e da justiça [com Dom Paulo Evaristo Arns, Dom Pedro Casaldáliga, Dom Demétrio Valentini, Frei Gilberto Gorgulho, Ana Flora Andersen e outros]. São Paulo: Acdem, 2012.

39 – *Depois do silêncio* – Escritos sobre Bartolomeu Campos de Queirós [com Chico Alencar, José Castello, João Paulo Cunha e outros]. Belo Horizonte: RHJ Livros, 2013.

40 – *Nos idos de março* – A ditadura militar na voz de 18 autores brasileiros [com Antonio Callado, Nélida Piñon, João Gilberto Noll e outros]. São Paulo: Geração, 2014.

41 – *Mulheres* [com Affonso Romano de Sant'anna, Fernando Fabbrini, Dagmar Braga e outros]. Belo Horizonte: Mazza, 2014.

42 – *O budista e o cristão*: um diálogo pertinente [com Heródoto Barbeiro]. São Paulo: Fontanar, 2017.

43 – *Advertências e esperanças* – Justiça, paz e direitos humanos [com Frei Carlos Josaphat, Marcelo Barros, Frei Henri Des Roziers, Ana de Souza Pinto e outros]. Goiânia: PUC-Goiás, 2014.

44 – *Marcelo Barros* – A caminhada e as referências de um monge [com Dom Pedro Casaldáliga, Dom Tomás Balduino, Carlos Mesters, João Pedro Stédile e outros]. Recife: Edição dos organizadores, 2014.

45 – *Dom Paulo Evaristo Cardeal Arns* – Pastor das periferias, dos pobres e da justiça [com Dom Pedro Casaldáliga, Fernando Altemeyer Júnior, Dom Demétrio Valentim e outros]. São Paulo: Casa da Terceira Idade Tereza Bugolim, 2015.

46 – *Cuidar da casa comum* [com Leonardo Boff, Maria Clara Lucchetti Bingemer, Pedro Ribeiro de Oliveira, Marcelo Barros, Ivo Lesbaupin e outros]. São Paulo: Paulinas, 2016.

47 – *Criança e consumo* – 10 anos de transformação [com Clóvis de Barros Filho, Ana Olmos, Adriana Cerqueira de Souza e outros]. São Paulo: Instituto Alana, 2016.

48 – *Por que eu e não outros?* – Caminhada de Adilson Pires da periferia para a cena política carioca [com Jailson de Souza e Silva e Eliana Sousa Silva]. Rio de Janeiro: Observatório de Favelas/Agência Diálogos, 2016.

49 – *Em que creio eu* [com Ivone Gebara, Jonas Resende, Luiz Eduardo Soares, Márcio Tavares d'Amaral, Leonardo Boff e outros]. São Paulo: Edições Terceira Via, 2017.

50 – *(Neo) Pentecostalismos e sociedade* – Impactos e/ou cumplicidades [com Pedro Ribeiro de Oliveira, Faustino Teixeira, Magali do Nascimento Cunha, Sinivaldo A. Tavares, Célio de Pádua Garcia]. São Paulo: Edições Terceira Via e Fonte Editorial, 2017.

51 – *Dom Paulo* – Testemunhos e memórias sobre o Cardeal dos Pobres [com Clóvis Rossi, Fábio Konder Comparato, Fernando Altemeyer Júnior, Leonardo Boff e outros]. São Paulo: Paulinas, 2018.

52 – *Jornadas Teológicas Dom Helder Camara* – Semeando a esperança de uma Igreja pobre, servidora e libertadora. Recife, 2017 [Palestras, volumes I e II, org. pelo Conselho Editorial Igreja Nova].

53 – *Lula livre-Lula livro* [obra org. por Ademir Assunção e Marcelino Freire] [com Raduan Nassar, Aldir Blanc, Eric Nepomuceno, Manuel Herzog e outros]. São Paulo, jul./2018.

54 – *Direito, arte e liberdade* [obra org. por Cris Olivieri e Edson Natale]. São Paulo: Edições Sesc, 2018.

55 – *Papa Francisco com os movimentos populares* [obra org. por Francisco de Aquino Júnior, Maurício Abdalla e Robson Sávio] [com Chico Whitaker, Ivo Lesbaupin, Macelo Barros e outros]. São Paulo: Paulinas, 2018.

56 – *Ternura cósmica* – Leonardo Boff, 80 anos [com Maria Helena Arrochellas, Marcelo Barros, Michael Lowy, Rabino Nilton Bonder, Carlos Mesters e outros]. Petrópolis: Vozes, 2018.

57 – *Maria Antonia* – Uma rua na contramão – 50 anos de uma batalha [com Antonio Candido, Mário Schenberg, Adélia Bezerra de Meneses]. São Paulo: Universidade de São Paulo – Faculdade de Filosofia – Letras e Ciências Humanas, 2018.

58 – *Alfabetização, letramento e multiletramentos em tempos de resistência*. Com Gilda Figueiredo Portugal Gouvea, Renato Felipe Amadeu Russo, Fernanda Coelho Liberali, Antonia Megale e outros. São Paulo: Pontes Editores, 2019.

59 – *Françóis Houtart*: Vida y pensamiento – Grupo de Pensamiento Alternativo. Com Gustavo Pérez Ramírez, Samir Amin, Nguyen Duc Truyen e outros. Colômbia: Ediciones Desde Abajo, 2019.

60 – *A mística do Bem Viver*. Com Leonardo Boff, Pedro Ribeiro de Oliveira, Chico Alencar, Henrique Vieira, Rosemary Fernandes da Costa e outros. Belo Horizonte: Senso, 2019.

61 – *Lula e a espiritualidade* – Oração, meditação e militância. Com o padre Júlio Lancellotti, monja Coen, Faustino Teixeira, Cláudio de Oliveira Ribeiro, Hajj Mangolin, Pai Caetano de Oxossi, frei Carlos Mesters e outros. Organização Mauro Lopes, Paraná: Kotter Editorial; São Paulo: Editora 247, 2019.

Edições estrangeiras

1 – *Dai soterranei della storia*. Milão: Arnoldo Mondadori [2ª ed., 1973]. • *L'Église des prisons*. Paris: Desclée de Brouwer, 1972. • *La Iglesia encarcelada*. Buenos Aires: Rafael Cedeño, 1973. • *Creo desde la carcel*. Bilbao: Desclée de Brouwer, 1976. • *Creo desde la carcel*. Bilbao: Desclée de Brouwer, 1976. • *Lettres de prison*. Paris: Du Cerf, 1980. • *Lettere dalla prigione*. Bolonha: Dehoniane, 1980. • *Brasilianische passion*. Munique: Kösel Verlag, 1973. • *Fangelsernas Kyrka*. Estocolmo: Gummessons, 1974. • *Geboeid Kijk ik om mij heen*. Bélgica: Gooi en sticht bvhilversum, 1974. • *Against principalities and powers*. Nova York: Orbis Books, 1977.

2 – *Novena di San Domenico*. Bréscia: Queriniana, 1974.

3 – *17 días en Puebla*. México: CRI, 1979. • *Diario di Puebla*. Bréscia: Queriniana, 1979.

4 – *La preghiera nell'azione*. Bolonha: Dehoniane, 1980.

5 – *Que es la Teología de la Liberación?* Peru: Celadec, 1980.

6 – *Puebla para el Pueblo*. México: Contraste, 1980.

7 – *Battesimo di sangue*. Bolonha: Asal, 1983. • *Les frères de Tito*. Paris: Du Cerf, 1984. • *La pasión de Tito*. Caracas: Dominicos, 1987. Nova edição revista e ampliada publicada pela Sperling & Kupfer, Milão, 2000. Grécia: Ekdoseis twn Synadelfwn, 2015. Santiago de Cuba: Editorial Oriente, 2018.

8 – *El acuario negro*. Havana: Casa de las Américas, 1986.

9 – *La pasión de Tito*. Caracas: Dominicos, 1987.

10 – *Fede e Perestroika* – Teologi della liberazione in Urss – com Clodovis Boff, J. Pereira Ramalho, P. Ribeiro de Oliveira, Leonardo Boff, Frei Betto. Assis: Cittadella Editrice, 1988.

11 – *El día de Angelo*. Buenos Aires: Dialéctica, 1987. • *Il giorno di Angelo*. Bolonha: EMI, 1989.

12 – *Los 10 mandamientos de la relación fe y politica*. Cuenca: Cecca, 1989. • *Diez mandamientos de la relación fe y política*. Panamá: Ceaspa, 1989.

13 – *De espaldas a la muerte* – Dialogos con Frei Betto. Guadalajara: Imdec, 1989.

14 – *Fidel y la religióni*. Havana: Oficina de Publicaciones del Consejo de Estado, 1985. Havana: Nova edição Editorial de Ciencias Sociales, 2018. Até 1995, editado nos seguintes países: México, República Dominicana, Equador, Bolívia, Chile, Colômbia, Argentina, Portugal, Espanha, França, Holanda, Suíça (em alemão), Itália, Tchecoslováquia (em tcheco e inglês), Hungria, República Democrática da Alemanha, Iugoslávia, Polônia, Grécia, Filipinas, Índia (em

dois idiomas), Sri Lanka, Vietnã, Egito, Estados Unidos, Austrália, Rússia, Turquia. Há uma edição cubana em inglês. Austrália: Ocean Press, 2005. Havana, Ciencias Sociales, 2018.

15 – *Lula* – Biografía política de un obrero. México: MCCLP, 1990.

16 – *A proposta de Jesus*. Gwangju: Work and Play Press, 1991.

17 – *Comunidade de fé*. Gwangju: Work and Play Press, 1991.

18 – *Militantes do reino*. Gwangju: Work and Play Press, 1991.

19 – *Viver em comunhão de amor*. Gwangju: Work and Play Press, 1991.

20 – *Het waanzinnige geluid van de tuba*. Baarn: Fontein, 1993. • *Allucinante suono di tuba*. Celleno: La Piccola Editrice, 1993. • *La musica nel cuore di un bambino* [romance]. Milão: Sperling & Kupfer, 1998. • *Increíble sonido de tuba*. Espanha: SM, 2010. • *Alucinado son de tuba*. Santa Clara: Sed de Belleza Ediciones, 2017.

21 – *Uala Maitasuna*. Tafalla: Txalaparta, 1993. • *Uala, el amor*. Havana: Editorial Gente Nueva, 2016.

22 – *Día de Angelo*. Tafalla: Txalaparta, 1993.

23 – *La obra del Artista* – Una visión holística del universo. Havana: Caminos, 1998. Nova edição foi lançada em Cuba, em 2010 pela Editorial Nuevo Milênio. Córdoba, Argentina: Barbarroja, 1998. Madri: Trotta, 1999. Havana: Editorial de Ciencias Sociales, 2009.

24 – *Un hombre llamado Jesus* [romance]. Havana: Editorial Caminos, 1998 [nova ed., 2009]. • *Uomo fra gli uomini* [romance]. Milão: Sperling & Kupfer, 1998. • *Quell'uomo chiamato Gesù*. Bolonha: Editrice Missionária Italiana – EMI, 2011.

25 – *Gli dei non hanno salvato l'America* – Le sfide del nuovo pensiero político latino-americano. Milão: Sperling & Kupfer, 2003. • *Gosto de uva*. Milão: Sperling & Kupfer, 2003. • *Sabores y saberes de la vida* – Escritos escogidos. Madri: PPC Editorial, 2004.

26 – *Hotel Brasil*. França: Ed. de l'Aube, 2004. Itália: Cavallo di Ferro, Itália, 2006. • *Hotel Brasil* – The mistery of severed heads. Inglaterra: Bitter Lemon Press, 2014; Havana: Arte y Literatura, 2019.

27 – *El fogoncito*. Cuba: Gente Nueva, 2007.

28 – *El ganhador*. Espanha: SM, 2010.

29 – *La mosca azul* – Reflexión sobre el poder. Austrália: Ocean Press, 2005; Havana: Editorial Ciencias Sociales, 2013.

30 – *Maricota y el mundo de las letras*. Havana: Gente Nueva, 2012.

31 – *El comienzo, la mitad y el fin*. Havana: Gente Nueva, 2014.

32 – *Un sabroso viaje por Brasil* – Limonada y su grupo en cuentos y recetas a bordo del fogoncito. Havana: Editorial Gente Nueva, 2013.

33 – *La niña y el elefante*. Havana: Editorial Gente Nueva, 2015.

34 – *Minas del oro*. Havana: Editorial Arte y Literatura, 2015.

35 – *Paraíso perdido* – Viajes por el mundo socialista. Havana: Editorial de Ciencias Sociales, 2016.

36 – *Lo que la vida me enseño* – El desafio consiste siempre en darle sentido a la existencia. Havana: Editorial Caminos, 2017.

37 – *Fede e politica*. Itália: Rete Radié Resch, 2018.

38 – *El hombre que podia casi todo*. Havana: Editorial Gente Nueva, 2018.

Edições estrangeiras em coautoria

1 – *Comunicación popular y alternativa* [com Regina Festa e outros]. Buenos Aires: Paulinas, 1986.

2 – *Mística y espiritualidade* [com Leonardo Boff]. Buenos Aires: Cedepo, 1995. Itália: Cittadella Editrice, 1995.

3 – *Palabras desde Brasil* [com Paulo Freire e Carlos Rodrigues Brandão]. Havana: Caminos, 1996.

4 – *Hablar de Cuba, hablar del Che* [com Leonardo Boff]. Havana: Caminos, 1999.

5 – *Non c'e progresso senza felicità* [em parceria com Domenico de Masi e José Ernesto Bologna]. Milão: Rizzoli/RCS Libri, 2004.

6 – *Dialogo su pedagogia, ética e partecipazione política* [em parceria com Luigi Ciotti]: Turim: EGA, 2004.

7 – *Ten eternal questions* – Wisdom, insight and reflection for life's journey [em parceria com Nelson Mandela, Bono, Dalai Lama, Gore Vidal, Jack Nicholson e outros] [org. por Zoë Sallis]. Londres: Duncan Baird, 2005. Edição portuguesa pela Platano Editora, Lisboa, 2005.

8 – *50 cartas a Dios* [em parceria com Pedro Casaldaliga, Federico Mayor Zaragoza e outros]. Madri: PPC, 2005.

9 – *The Brazilian short story in the late twentieth century* – A selection from nineteen authors. Canadá: Edwin Mellen, 2009.

10 – *Reflexiones y vivencias en torno a la educación* [VV.AA]. Espanha: SM, 2010.

11 – *El amor fecunda el universo*: ecologia y espiritualidade [com Marcelo Barros]. Madri/Havana: PPC/Ciencias Sociales, 2012.

12 – *Brasilianische kurzgeschichten* [com Lygia Fagundes Telles, Rodolfo Konder, Deonísio da Silva, Marisa Lajolo e outros]. Alemanha: Arara-Verlag, 2013.

13 – *Laudato si' cambio climático y sistema económico* [com François Houtart]. Centro de Publicaciones/Pontifícia Univesrsidad Católica del Ecuador, 2016.

14 – *Hablan dos educadores populares*: Paulo Freire y Frei Betto. Havana: Caminos, 2017 [Colección Educación Popular del Mundo].

15 – *Golpe en Brasil* – Genealogia de una farsa [com Noam Chomsky, Michel Löwy, Adolfo Pérez Esquivel, entre outros]. Argentina: Clacso, jun./2016.

16 – *América Latina en la encrucijada* [com Atilio Borón]. Argentina: Fundación German Abdala, 2018.

17 – *Nuestro amigo Leal* [com vários escritores]. Cuba: Ediciones Boloña, 2018.

18 – *III Seminário Internacional Realidades, paradigmas y desafíos de la integración* [com Ignacio Ramonet, Miguel Ángel Pérez Pirela, Miguel Mejía, Francisco Telémaco Talavera, entre outros]. Ministério para Políticas de Integración Regional de República Dominicana, 2018.

SOBRE FREI BETTO

1 – *Una biografía*. Havana: José Martí, 2017 [Prólogo de Fidel Castro, Américo Freire e Evanize Sydow].

2 – *Sueño y razón en Frei Betto* – Entrevista al fraile dominico, escritor y teólgo brasileño [Alicia Elizundia Ramírez]. Havana: Pablo de la Torriente, 2018. Equador: Abya-Yala, 2018.

LEIA TAMBÉM:

A hora é agora

Por uma Espiritualidade Corajosa

Joan Chittister

"Notícia de última hora: o mundo é um campo minado de diferenças.
Não há dúvida quanto a isso. A direção que escolhermos, nesta nova encruzilhada do tempo, não só afetará o futuro dos Estados Unidos, como irá determinar a história do mundo. O futuro depende de virmos a tomar decisões sérias sobre o nosso papel, pessoal, na formação de um futuro que atenda à vontade de Deus para o mundo, ou então meramente escolher sofrer as consequências das decisões tomadas por terceiros, que pretendem impor a sua própria visão do amanhã.
Este é um momento atemorizador. Em cada encruzilhada, cada um de nós tem três possíveis opções."

(Passagem retirada do Prólogo)

*   *   *   *

RESUMO

Em seu último livro, Joan Chittister – uma força arrebatadora e instigadora em prol da justiça social e ardorosa defensora da fé individual e da plenitude da realização espiritual – bebe da sabedoria dos profetas, os de outrora e os de agora, para nos ajudar a confrontar os agentes sociais que oprimem e silenciam as vozes sagradas entre nós.

Ao emparelhar os *insights* bíblicos com as narrativas dos proclamadores da verdade que nos antecederam, Chittister oferece aos leitores uma visão irresistível para combater a complacência e nos impelir na criação de um mundo de justiça, liberdade, paz e autonomia.

Para os cansados, os rabugentos e os temerosos, esta mensagem revigorante nos convida a participar de uma visão de mundo maior do que aquela em que vivemos imersos hoje. Isto é espiritualidade em ação; isto é ativismo prático e poderoso para os nossos tempos.